JN188707

シン・コミュニティ
SHIN COMMUNITY MARKETING
マーケティング

著 CNP出版部

林（健太郎）

16snow【ひろゆき】

ハヤシ

sotaro

taiga

時事通信社

　この本を手に取ったあなたは、おそらく「シン・コミュニティマーケティング」という言葉に戸惑ったことだろう。本書では、**Web3コミュニティを通じたマーケティング**を、そう呼んでいる。「シン」という語を冠したのは、新しい集団とともに創り上げる、新しい時代のコミュニティマーケティングだからだ。

　といっても、あなたは、そもそもWeb3コミュニティについて、まだ何も知らないかもしれない。しかし、心配は要らない。本書を読めば、Web3コミュニティとは何かが分かり、Web3コミュニティがなぜ「強い」かを理解し、さらには企業がWeb3コミュニティと良好な関係を築くための指針が得られるだろう。

　Web3コミュニティはさまざまな側面から説明、理解されるべき多面的な集団だ。それゆえ一言で表現するのが難しい。しかし、あえて大胆に１文で説明するなら**「時代の要請と技術が生み出した、新コミュニティ」**だ。その意味は本文で確認していただくとして、まずはWeb3コミュニティのイメージを持っていただこう。キーワードは３つある。

１．**Web3コミュニティは〈熱狂的〉だ。**ある目標に向かって、メンバーが一致団結して強力に推進する力がある。

２．**Web3コミュニティは〈効率的〉だ。**メンバーを疑う必要がほぼなく、全員が目標に向かって集中できる。

３．**Web3コミュニティを支えるのは〈ブロックチェーン〉の技術とその思想だ。**ブロックチェーンがなければ、これほどの熱狂も効率も生まれないだろう。

　実は本書もWeb3コミュニティから生まれ、Web3コミュニティにより

執筆された。各章にはそれぞれの執筆者の名が付されているが、バラバラに書いたものを単に寄せ集めたのではない。

　本書の企画はWeb3コミュニティから自然発生的に生まれた。そこからWeb3コミュニティメンバーが自発的に手を挙げ、企画の深堀りから構成、編集、執筆までを行った（最終的な編集はコミュニティのスポンサーである時事通信出版局にご支援いただいたが）。指示や命令などが一切ないにもかかわらず、このような積極的な協力とムーブメントが自然に生まれるのが、Web3コミュニティの大きな特徴の一つだ。

　企業のマーケティング担当者には、不思議に見えるかもしれない。**指示もなく、外からは一見無秩序に見えるWeb3コミュニティが、なぜこうも高い熱量を持ち、次々とプロジェクトを生み出し、かつ遂行していけるのか——。**

　本書を通じて、その謎に迫ってほしい。**Web3コミュニティの力を上手に使えば、あなたの企業のマーケティングに必ずプラスになるはずだ。**

　本書の構成は以下の通りだ。

　第１章「シン・コミュニティをめぐる５つの事件簿」では、Web3コミュニティの力で達成してきた数々の「記録」を具体例で振り返る。

　日本のNFTコレクションで時価総額トップクラスのCryptoNinja Partners（クリプトニンジャ・パートナーズ、CNP）はWeb3コミュニティからどのように生まれたのか。NFTをガチホ（長期保有）するWeb3コミュニティとはどのようなコミュニティなのか。またそのメンバーはどのように振る舞うのか。Web3コミュニティと良好な関係を築くスポンサー企業の振る舞いとは？

　実例を通じてWeb3コミュニティの特徴的な断面が明らかになるとともに、さらなる謎が湧いてくるはずだ。

第2章「マーケティングはマスからコミュニティの時代へ」では、マスマーケティングや個人のインフルエンサーマーケティングの限界と、それに対するWeb3コミュニティの役割について述べる。

　マスマーケティングを避け、またオープンSNSの誹謗中傷などの居心地の悪さを避けるため、クローズドSNS内にコミュニティが生まれた。さらにこれらのコミュニティの中から、Web3技術に興味を持つコミュニティが登場した。Web3技術により、コミュニティメンバー間のつながりが強固となり、強い影響力を持つに至る。

　第3章「Web3コミュニティの未来」では、Web3コミュニティがなぜ強い影響力を持つのか、ブロックチェーン技術からその秘密を紐解く。

　Web3の基盤をなすブロックチェーンの情報は、インターネットを通じて全世界に公開されている。もちろん、コミュニティメンバーにも筒抜けだ。端的に言えば、コミュニティ内で出し抜いたり騙したりするのが極めて困難になるため、コミュニティから利己的なテイカーやフリーライダーを追い出しやすい。結果、利他的なギバー率が高くなり、コミュニティの効率と生産性が向上する。

　また、メンバー間で特定のNFTやトークンを保有することで連帯感を形成することもできる。さらに、コミュニティへの貢献を通じてNFTやトークンの価値が上昇するとの共通認識を持つことで、共創関係を築くことができる。ブロックチェーンを通じてメンバーが同じ方向を向き、一丸となって力を出し合うことで、強力なコミュニティの力を生み出す。

　第4章「シン・コミュニティマーケティングの実践」は、Web3コミュニティと企業スポンサーの具体的な事例を挙げながら、企業がどのようにコミュニティに関わるべきかを述べる。

　企業にとってWeb3コミュニティは、他のコミュニティ同様、一見消費者の集団にしか見えないかもしれない。しかし、先で述べたようにWeb3コミュニティは大きな力を発揮しうる。単に企業と消費者集団と

しての関係より、効果的な関わり方ができれば双方にとって利益が大きくなる。

　第5章は、イケハヤ氏、しゅうへい氏へのインタビューを掲載した。

　イケハヤ氏は、2万人を超えるWeb3コミュニティ NinjaDAO（ニンジャダオ）の創設者であり、CryptoNinjaのファウンダーの一人だ。NinjaDAOからはCryptoNinja Partners（CNP）やCryptoNinja Nouns（CNN）など強力かつユニークなプロジェクトが次々と生み出されている。このパワーの源は何なのか。一体どのようなメカニズムがそこにあるのか。ぜひインタビューを通じて理解を深めていただきたい。

　しゅうへい氏は、NFTプロジェクトLive Like A Cat（LLAC）のファウンダーだ。LLACは「猫のように生きる」をコンセプトにした猫森うむ子氏のアートコレクション。LLACの立ち上げと運営を通じて、メンバーにどのような価値を提供しようとしているのかを探った。企業がWeb3コミュニティへの理解を深めるための貴重な資料だ。

　企業はWeb3コミュニティに商品を売るのではなく、Web3コミュニティの力を借りてブランドイメージを向上させ、結果として売上を高めるのが効果的だ。**Web3コミュニティは、自らを消費者として扱う企業ではなく、パートナーとして一緒に行動できる企業を望んでいる。**

　本書が、新たなマーケティングの一助となれば幸いだ。

林（健太郎）｜CNP出版部

Contents

第2章

マーケティングはマスから コミュニティの時代へ

林（健太郎）│CNP出版部

Contents

第 **1** 章

シン・コミュニティ
をめぐる
5つの事件簿

16snow【ひろゆき】｜CNP出版部

常識外れのWeb3コミュニティ

　あなたはNFTの購入はおろか、ビットコインを使った経験すらないかもしれない。だが、安心してほしい。全くのWeb3初心者でも、Web3コミュニティの本質を理解し、マーケティングに活かせるよう、これから一つ一つ丁寧に解説していく。

　とはいえ、いきなりWeb3コミュニティとは何か？　と理屈で説明されても、イメージしにくいかもしれない。そこでまず、Web3コミュニティでこれまで起きてきたエピソードから紹介しよう。

　これらのエピソードは、にわかには信じられないかもしれない。もちろん最初はそれで構わない。いやむしろ、それが普通の反応だ。だからこそ、疑いつつも最後まで読んでほしい。

　Web3コミュニティでは、今までの常識では考えられないことが起きるし、実際に起きてきた。そしてこれからも起きるだろう。常識外れだからこそ、新しいマーケティングの可能性に満ちている。そしてあなたは、それを期待して本書を手に取ったはずだ。

　では、前置きはこれぐらいにして、エピソードの紹介に移ろう。以下、いくつか初めての用語が出てきて戸惑うかもしれないが、詳しくは次章以降で説明するのでそのまま読み進めてほしい。本章では、いくつかの特徴的な事実と謎に目を凝らし、Web3コミュニティが持つ独特の雰囲気をつかみ取ってもらえればうれしい。

episode 1

Web3時代のIP事業が、コミュニティで作られた!?

　時価総額31.9億円（2024年11月現在）を誇るWeb3時代のIP（知的財産）事業、それがCryptoNinja Partners、略してCNPだ。Web3では今や

日本を代表するIPであり、一般的な認知も狙える位置にいる。CryptoNinjaとは、商用利用可能なIPで、CNPはCryptoNinjaの派生IPだ。

●有志が自発的に

このCNPが、Web3コミュニティから生まれたプロジェクトであり、誰から指示されることなく自発的に集まった有志メンバーから始まったと言われたら、あなたは信じられるだろうか？

現代表者（以下、ファウンダー）であるRoad氏の発案から始まってはいるものの、あとはメンバーが自然と集まって、会議などを開くことなく、コミュニティ上のテキストのやり取りのみで企画、制作、マーケティングを進め、NFTリリースまで成し遂げた。NFTリリース前も後も、コミュニティは基本的にテキストのやり取りのみで運営されている。メンバーは24時間好きな時間に発言し、好きな時間に返信するスタイルだ。

2次創作プロジェクトでありながら、原作者のイケハヤ氏も巻き込み、本格的な2次創作プロジェクトとなった。

当時、NFTに興味のある人の数は、3000〜5000人と言われていたにもかかわらず、この人数をはるかに上回る2万2222体のNFTをリリース。当然ながら、無謀なチャレンジと言われた。

しかし、結果は大勢の予想に反して、販売開始から1時間半で完売。2次流通も初日で5500件、取引量は157ETH（イーサ。仮想通貨の一つで、2024年10月末現在1ETH＝40万円程度）となる大きな成果を挙げた。

リリース後、すぐに200倍の価格をつけたことも話題となり、バブル期には約3490倍（3.49ETH）まで高騰した。ちなみに、これまでの総取引量は1万3900ETHを超える。もう一度言うが、これは大企業の大型プロジェクトではなく、コミュニティの有志で作られた一プロジェクトだ。

●認知拡大フェーズへ

　CNPのコンセプトは、「ファンからパートナーへ」。CNPを持っていることで、このIP事業に関わり、みんなで価値を高めることを目的にしている。筆者の私がコミュニティ内に投げたアイデアの種も、良いものであれば、わずか1－2時間でブラッシュアップされ実行された経験がある。

　バブル期が過ぎた今でも毎日のように商いが発生しており、現在価格で1体10万円から20万円前後の価格で売買されている。これまでは売買のたびに発生する10%のロイヤリティ収益がメインであったが、いよいよ一般認知を狙うフェーズになり、ライセンス収益に切り替わろうとしている。

　次のIP展開として、コミュニティメンバーだけではなく、自治体も巻き込みながら認知拡大フェーズへと成長しつつある。ふるさと納税の返礼品NFT「ふるさとCNP」として既に15の自治体が利用している。また「デジタル城下町」としてNFTを使ったお城に関わるコミュニティ作りにもCNPが使われており、国宝犬山城や国宝彦根城をはじめ、既に全国100のお城を抱える自治体が参加を表明し、地域との関わりを深めている。

　また、他企業と連携したトレーディングカードの開発も始まり、幅広い層へのアプローチも順調に進んでいる。

　自然発生で始まった名もなきプロジェクトが、なぜ、このような大旋風を巻き起こしているのだろうか？

episode 2

コミュニティがプラットフォームに勝利！

　ユーザーに向けて、「場」を提供するプラットフォームビジネス。商品を売ろうと考えた時に、個人で小規模に発信するよりも、既にたくさ

んの人が集まる「場」で発信した方が当然売れる。だからこそ、その「場」を提供する側であるプラットフォームは、利用料を設定したりルールを作ったりすることができる大きな力を持っている。

　ただし、その力が大き過ぎるがゆえに、時として利用者側を苦しめることがある。

●ロイヤリティ放棄の波

　NFTには独特の慣習がある。2次流通マーケットで売買が発生するたびに、一定割合のロイヤリティがクリエイターに分配されるのだ。ロイヤリティの割合は10％程度が多い。この10％のロイヤリティ収益は運営を継続するための大事な収入源である。それがある日突然、プラットフォームの都合でゼロになった。

　当時、世界第2位の取引量を持っていたNFT売買プラットフォームは、ロイヤリティを発生させない仕組みを売りにして、それまで1位を誇っていたプラットフォームの取引量を抜き去った。さらには、取引量に応じてトークンを付与するというインセンティブを発表し、大きく業界地図を塗り替えた。プラットフォームのトレンドは、NFTのメリットの一つであったクリエイターへのロイヤリティを放棄してしまったのである。

　売買目的である購入者は少しでも利鞘を大きくするため、当然ロイヤリティ0％の方を選ぶ。プラットフォームは、収益を生み出すトレーダーを優先したということであり、妥当な経営判断だとも言える。

●クリエイターを守るために結集

　通常であれば、クリエイターは泣き寝入りをして、プラットフォームに従わざるを得ない状況だ。しかし、驚くべきことに、ここでクリエイターファーストを掲げるコミュニティが力を合わせたのである。

　NFT業界ではトッププロジェクトの一つであるBAYC（Bored Ape

Yacht Club）を率いるスタジオ、Yuga Labs。そのYuga Labsが、NFTプラットフォームであるMagic Edenと協力してNFTマーケットプレイスを立ち上げた。その大きな特長は、クリエイターのロイヤリティを維持することを約束した「クリエイターズアライアンス」だった。

これを機に、世界を代表する39ものNFTプロジェクトがロイヤリティゼロに異を唱え、続々とクリエイターズアライアンスに参画したのである。CNPもその一員となった。そして、ロイヤリティゼロをうたったプラットフォームは、１位の座から滑り落ちたのである。

通常であれば巨大な力を持つプラットフォーマーさえ、覆してしまうWeb3コミュニティとは、一体どんなコミュニティなのだろうか？

episode 3

やせ我慢か宗教か？　ガチホという文化

ガチホとは、「ガチ（本気）でホールド（保持する）」という造語で長期保有を意味する。一部のNFTプロジェクトでは、このガチホを大切にする文化を持つ。

大前提として、NFTの売買は誰でもできるし、いつ買うかいつ売るかも個人の自由だ。むしろそれが、匿名で誰でも参加できるWeb3の特徴の一つとすら言える。

にもかかわらず、３年目を迎えたCNPを例にすると、リリースされたNFT2万2222体中100体程度しか市場に売りに出されていない。市場に売りに出すことを「リストする」というが、つまり発売時に購入された数の0.5％しかリストされていないのだ。

実は、筆者はCNPがリリースされてから毎日市場を観測、分析し続けている。だからこそ、市場にリストされているCNPを見ても短期で転売する人が極端に少ないと自信を持って言える。

●500倍に値上がりしても

　発売時から所有している人であれば、当時250円で買ったNFTが現在
では、14万円前後で売られている。実に560倍の価格である。いつでも
利確できる状態なのに、複数所有の大口を含め手放さない人が９割以上
を占め、持ち続けている。人によっては数千万円規模の、かなり大きな
含み益があるにもかかわらず、全く手放そうとしない。いい意味で「異
常」な状況だ。

　同じく、リリース当時格安で販売され、一気にバブルの波に乗った
LLAC（Live Like A Cat）の場合、初期購入価格150円程度が、現在5万
2800円前後と350倍程度の価値を付けている。それでもなお、2万2222体
中28体とリスト率は0.1％。同じ時期に販売されたAPP（AopandaParty）
も当時150円程度で販売され、現在価格は2万1000円前後と140倍の価格
を付けている。こちらも１万体中30体とリスト率は0.3％だ。

　投資目線で言えば、早期ホルダーはもう十分に利益を得ており、早々
に離脱してもおかしくないプロジェクトだ。なのに大多数が、初期から
NFTをホールドし続けている。これが文化だと言われても、部外者には
理解できないだろう。

「ガチホ」を育てる秘密も実はコミュニティにある。一体コミュニ
ティではどのようなことが起こっているのか？

episode 4

広告出稿とは一線を画したCNP企業スポンサー

　マーケティングの定番といえば広告だ。あなたもマーケティング担当
であれば、予算を広告に回し、広告からどれだけ商品が売れるか、知恵
を絞ったことがあるだろう。ところが、Web3コミュニティで広告は利
用されない。広告を利用せずにどうやってマーケティングをするのか、
あなたは不思議に思うかもしれない。

結論から言えば、Web3コミュニティと一緒にマーケティングするには、そのコミュニティが大切にしているトークン（暗号資産やNFT）を保有すればよい。これだけで、Web3コミュニティがあなたの味方になってくれるのだ。

●コミュニティが味方に

　CNPのコミュニティでは、NFTを購入することを「お迎え」と呼び、お迎えしてくれる人に感謝する文化がある。これは、スポンサー企業に対しても例外ではない。CNPのスポンサーの条件は、規定数のCNPをお迎えすることである。当然、それだけお迎えされれば、自然とコミュニティでは感謝の言葉があふれかえる。

　CNPはこの仕組みを利用して、公式スポンサーを募っている。CNP（NFT）を10体保有することで、企業はスポンサーとなれる。2024年10月時点で既に6社・団体がCNPのスポンサーとなっている。

　スポンサー企業の一つであるKDDIは、同社のメタバース・Web3サービスプラットフォームであるαUを通じて「CNPトレカ無料プレゼント企画」を実施したところ、参加者が殺到。会場となったGINZA 456前が一時騒然となった。これがきっかけでCNPトレカプロジェクトがスタート。メルカリでの転売価格が17万円を超える人気となった。

　このようにスポンサー企業が受けてきた間接的、直接的メリットは大きい。Web3コミュニティを味方につければ必ず成功するのだろうか。あるいは何かそこに秘密があるのだろうか？

episode 5

1000円が100万円になったCNG

　FiNANCiE（フィナンシェ）というサービスをご存じだろうか？　これはクラウドファンディングのプラットフォームなのだが、返礼品が

トークンなのである。トークンは、ブロックチェーン技術を基にしたデジタル資産であり、返礼品として受け取ったトークンは売買ができる。

2024年1月、イケハヤ氏がコミュニティ2万1000人に対して、CryptoNinja Gamesという形でFiNANCiEを使ったクラウドファンディングを実施した。ローンチまでのマーケティングはお金をかけた広告ではなく、自らのフォロワーやコミュニティメンバーに向けた連日の音声配信や、Xのポストがメインであった。

●コミュニティの熱狂

ゲーム開発費用として200万円の資金調達を目標にしていたが、2000名に対して1口1000円（1000トークン）で募ったローンチ初期ファンディングは1時間で完売。初期販売のこの時、欲しくても買えなかった人も多数存在していた。

この挑戦に誰もが期待するとともに、CNGトークンの2次販売では、ストップ高を連発しながら一度は大きく売られながらも、1トークンの最高値1000円を記録した。初期ファンディングで支援に成功した人は、1口1000円の寄付で1000トークンを保有しているので、その含み益は100万円にもなり、誰もが歓喜した。現在のトークン価格は220円前後と落ち着いたものの、それでも初期ファンディングから考えると220倍の含み益となっている。

わずか1000円で始まったものに、なぜ100万円もの価値が付いたのだろうか。その熱量や熱狂はどこから生まれているのだろうか？

さて、ここまで5つのエピソードを紹介してきたが、読者の頭の中にはさまざまな疑問が湧いたことだろう。次章以降でそれらの謎を紐解いていく。もちろんキーワードは「Web3コミュニティ」だ。

第 2 章

マーケティングは マスから コミュニティの 時代へ

林（健太郎）｜CNP出版部

❶ 悪役になった広告：Web広告の効果低下と消費者の変化

❷ オープンSNSからクローズドSNSへ：心理的安全性重視のコミュニケーションの台頭

❸ コミュニティ主導の消費：ファウンダーや運営予算まで応援する文化

❹ 個人的価値観から集団的価値観へのシフト：ブランドと消費者間の新しい関係性

01 悪役になった広告
Web広告の効果低下と消費者の変化

　あなたはこの１カ月で、何度「Web広告がうざい」と感じただろうか。おそらく１度や２度ではないはずだ。あなたのその感覚は正しい。残念ながら、広告は嫌われ者になりつつある。広告の効果は低下し続けており、また今後も低下していくだろう。

　多くの人が今、広告から逃れたいと願っている。

　一例を挙げよう。「有料会員には広告を配信しません」との触れ込みで、YouTubeの有料会員数が順調に伸びている。定額サービスであるYouTube Music と YouTube Premiumのユーザー数は、2022年９月に全世界で約8000万人、24年１月には１億人を突破した。全員が広告非表示のために利用しているわけではないだろう。とはいえ、広告のない環境が好まれる証拠の一つと言える。

　また、視聴者の行動分析で世界的に有名なニールセンの調査では、消費者の64%が無料の広告付き動画サービスで、広告を避けるための行動を意図的にとっている（図表２－１）。さらに同調査では、49%が広告を完全に回避できるストリーミングサービスにお金を払って加入する可能性が、ある程度または非常に高いと回答している。

　企業のマーケティング担当者としては、これは見過ごせない事実だ。なんとか広告の効果を高められないだろうか。

●広告依存から抜け出せるか
　広告の効果を高める方法の一つに「ターゲティング広告」がある。簡単に言えばWebサイトを見ているユーザーの興味関心を分析し、広告をユーザー個別に配信する仕組みだ。こうして興味関心に合う広告を配信

▶ 図表2-1　2023年消費者調査レポート概要（ニールセン）

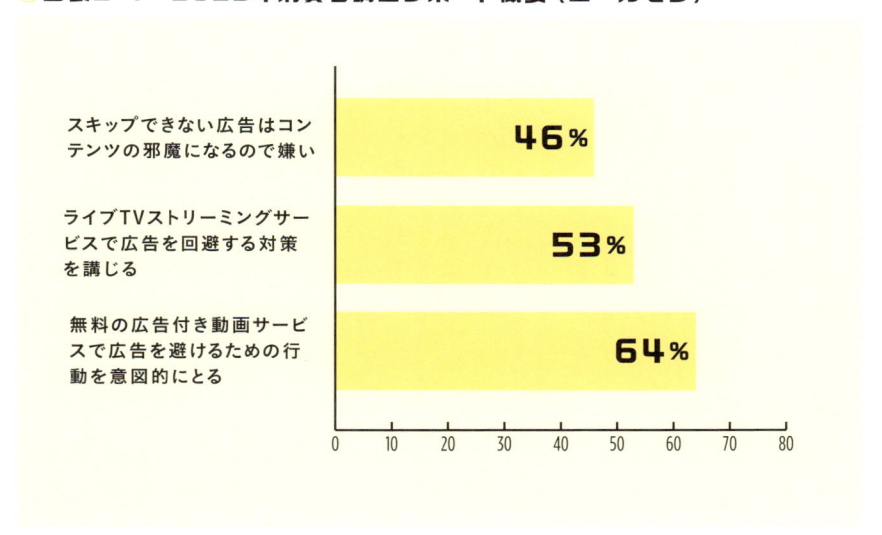

出典 Survey highlights consumer's feelings towards inflation, social media, influencers and more.
https://www.nielsen.com/wp-content/uploads/sites/2/2023/11/2023-Consumer-Survey-Report.pdf

すること自体に問題はない。問題は、事実上ユーザーの気づかないところでそれが収集、分析されている点だ。

　個人情報保護やプライバシー確保の観点から、ターゲティング広告は規制される方向にある。まず欧米が先行し、日本でも規制されつつある。

　では、ターゲティング広告がなくなり、興味関心の薄い広告が配信されれば、問題が解決するのか。そうとも言えない。不快な広告は一定程度存在するだろうし、そもそも興味関心が薄い広告が表示されること自体がうっとうしい。結局、広告そのものが嫌われつつあるのだ。

　企業にとって、製品やサービスの売上を伸ばすための手段として広告が重要だ。しかし、今や広告は嫌われ、費用対効果が低下しつつある。一体どうすればいいのか。広告に依存せずに、商品やサービスを届ける方法があるのだろうか？

●コミュニティへの語りかけで急成長

ここで、一つの事例を紹介しよう。

インフルエンサーのイケハヤ氏が率いるFiNANCiE（以下、フィナンシェ）内のプロジェクト、CryptoNinja Games（CNG）だ。

CNGはフィナンシェというWeb3型のコミュニティトークンを発行するプラットフォームで活動するプロジェクトの一つだ。Web3時代のゲーム制作を探究するコミュニティと謳っている。CNGはCNGトークンを発行し、本書執筆時点でメンバー数は1万4000人を超えており、フィナンシェの中でもトップクラスに大きいコミュニティだ。

驚くことにCNGコミュニティは、長い時間を掛けて作られたのではなく、短期間でこれほどの規模に成長した。2023年12月にコミュニティがオープンし、あっという間に1万人超のスケールに到達。24年1月のトークンセールでは、販売開始からわずか1時間ほどで完売となった。

その後わずか1カ月でCNGトークンは1001円まで上昇した。初期価格が1円だったので1000倍以上になった計算だ。その時点で時価総額約30億円、過去30日間の出来高約1億2000万円、コミュニティメンバーは1万1400人を突破した。（図表2－2）

華々しいデビューを果たしたCNGだが、この間、マスメディアやWeb

▶図表2-2　CNGトークン発行から1カ月後の急激な成長

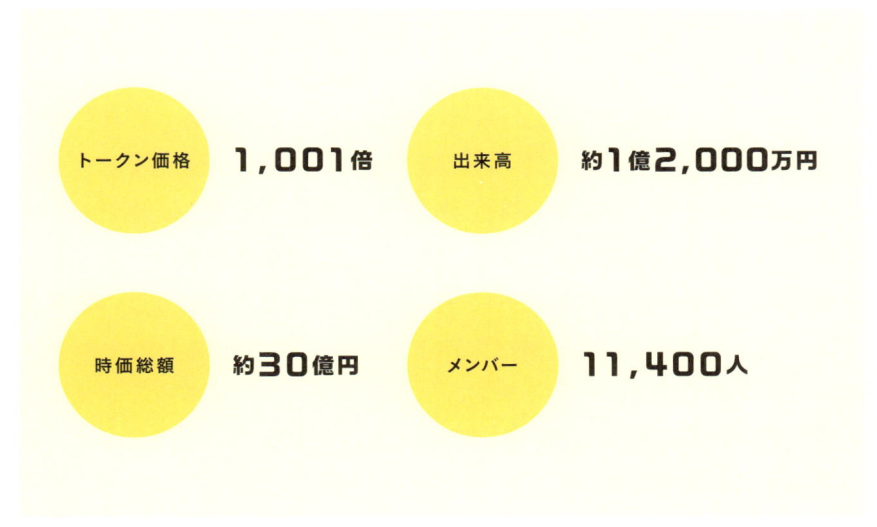

トークン価格　**1,001倍**

出来高　**約1億2,000万円**

時価総額　**約30億円**

メンバー　**11,400人**

出典 FiNANCiE CNG売買データおよびメンバー数より著者集計

広告は一切利用していない。

　広告を打つ代わりに、イケハヤ氏が取り組んだのが、VoicyやXのスペースといった音声メディアを通じた「既存のコミュニティ」への語りかけだ。実際、CNGコミュニティ立ち上げの1カ月ほどの間、イケハヤ氏はほぼ毎日Voicyでフィナンシェやトークンについて話をしていた。

　イケハヤ氏は日本最大級のDAO、NinjaDAOを創設したメンバーの一人だ。コミュニティの作り方やコミュニティの力を熟知している人物といえるだろう。そんな彼が、広告を一切使わず、コミュニティに毎日語りかけることでCNGを短期間でフィナンシェトップクラスに成長させたことは、無視できない事実だ。

●「嫌われる広告」に代わるもの

　第1章では、Web3コミュニティ発の特徴的な事例、成功事例を紹介した。近年このような成功事例が次々と現れている。

あなたは今、疑問に感じているかもしれない。これは単に一時的な出来事なのだろうか。それとも、もっと本質的な何かが起きているのだろうか、と。

もし一時的な事例であれば、無視すればいい。時間とともに世界はまた旧来の場所に戻り、広告は今まで通り効果を発揮してくれるだろう。しかし現実は後者、つまり本質的な変化なのだ。決して一過性の出来事ではなく、広告は今後効果を落とし続けていく可能性が高い。

もちろん、広告はこれからも存在し続けるだろう。しかしその効果は次第に落ち、費用対効果が悪くなっていくことが予想される。なぜなら、みな大量の広告にうんざりしているからだ。人々はお金を払ってでも広告のない環境を望んでいる。お金をかけた広告が、お金をかけて拒否される。これはカオスだ。

あなたが企業のマーケターとして成功するためには、この社会の変化を正しく認識する必要がある。変化を理解し、これから起きることを想定し、適切に対処しなければ、時代遅れになってしまうだろう。

でも安心してほしい。本書を読めば、これから社会で何が起きていくかを理解できるようになる。そして、あなたが企業のマーケティング担

• mini 解説 •

●NinjaDAO

DAO（ダオ）は分散型自律組織のこと。ブロックチェーン技術を活用し、管理者を置かず自律的に運営される。

NinjaDAO（ニンジャダオ）はDiscord内に設けられたクリエイター支援コミュニティだ。一定のガイドラインさえ守れば誰でも自由に利用できるCryptoNinja（クリプトニンジャ、原作イケハヤ氏・デザイナー Rii2氏）IPを中心に、ファンアートや２次創作、IPビジネス展開などを行う人々が集う。2024年６月現在、参加者は２万人超。

日々の活動はもちろん、ワンドロ（ワンアワー・ドローイング）大会やゲーム大会、メタバースイベントなど多数の企画が提案、開催されている。また１年に１度程度CryptoNinjaの新しいキャラクターのオーナーを決める選挙などもある。本書でたびたび登場するCNP（CryptoNinja Partners）オーナーだけが閲覧投稿できるチャンネルOffice-ジェネラティ部もNinjaDAO内にある。

当者として、何をすべきかが分かるようになる。もう、嫌われる広告を無理に配信しなくていいかもしれないのだ。

　本章では、いくつかの事例を参考にしながら、今起きている社会の変化と、これから高い確率で起こるであろう変化について述べていく。変化の鍵を握るWeb3コミュニティを理解し、これからのマーケティングに活かすための基礎知識となるので、じっくり読んで理解してほしい。

オープンSNSから
クローズドSNSへ
心理的安全性重視のコミュニケーションの台頭

　前節では、CNGがコミュニティの力で驚異的なスタートを切ったことを述べた。しかし、コミュニティによる成功はそれだけではない。ここで、第1章の事例にもあるCryptoNinja Partners（以下、CNP）について、少し深堀りしてみよう。

　これまで順風満帆に成長してきたかに見えるCNPも、過去何度か危機に直面している。その一つにCNPの「大量売り」がある。

　CNPはリリース時の事情で、ごく少数の人にそれぞれ数百点のCNPを販売することになった。CNPが保有されている間は問題ないが、マーケットに大量に売られると強大な売り圧力となる。それを支えるだけの買い圧力がなければ、価格はデフレスパイラルに陥り、暴落する。市場参加者がまだ少なく流動性の低いことがネックのNFT市場では、価格が暴落するとプロジェクトの立て直しが極端に難しくなってしまう。そうした構造的な問題を、人気NFTプロジェクトであるCNPも同様に抱えていた。

・ **mini 解説** ・

●NFTプロジェクト
　NFTプロジェクトとは、NFTの販売や、NFTを利用したコミュニティ運営などを目的としたプロジェクトのこと。NFTは偽造できないデジタルデータのため、販売数を制限することでコレクションとしての価値を生みやすくなる。また、NFT保有者の確認が容易で、保有者にさまざまな特典や経済的価値を付与しやすい。
　純粋なNFTアートコレクションから、特定の事業の成功を目指すプロジェクト、ファン会員証など目的は幅広い。Web3時代のIPを目指すCNPは2022年5月に2万2222個のジェネラティブNFTコレクションをミントしてスタートした。

　CNPはこれまで何度も、一気に100点以上の大量売りを経験している。しかし、そのたびにCNPオーナーやCNPが好きなコミュニティが買い支え、価格暴落の危機を乗り越えてきた。このコミュニティがなければ、今のような成功はなかっただろう。CNPの成功の裏には、強い味方となるコミュニティが存在しているのだ。

　このようにCNPもCNGも、コミュニティの強力な支援を得て成功をつかんでいる。Web3で成功を収めるためにコミュニティが鍵を握っていることが理解できただろう。では、CNPやCNGだけが特殊なケースなのだろうか。あるいは何か大きな背景があるのだろうか。その謎を解く鍵の一つが「SNS活用の変化」だ。

●ストレスの多いオープンSNS

　結論から言えば、ユーザーはオープンSNSからクローズドSNSへシフトしている。

　例えばビジネス用途が多いクローズドチャットアプリSlackが堅調だ。2020年度報告で売上高前年比49%成長。21年にはSalesforceに約3兆円で買収された。

　Slackはビジネス用途だからクローズドSNSで当たり前だという声も聞こえそうだ。では別の例も示そう。Discordはゲーマーを中心に近年利用者が拡大し、2024年4月時点で月間アクティブユーザー数が約2億人。23年度サブスクリプションサービスの年間売上高が5億7500万ドルと前年比約29%増、20年比ではなんと約4.2倍に増加した（図表2−3）。Discordの特徴の一つに広告がないことも成長を後押ししている要因の一つ。広告がなく居心地がいいのだ。

　Discordは主にゲーマーの利用から始まったが、今ではDAOの運営、サロン、ビジネス、趣味などさまざまな用途で利用されている。CNPコミュニティもDiscordで運営されている。

　それでは、なぜ、人々はオープンSNSからクローズドSNSへシフトし

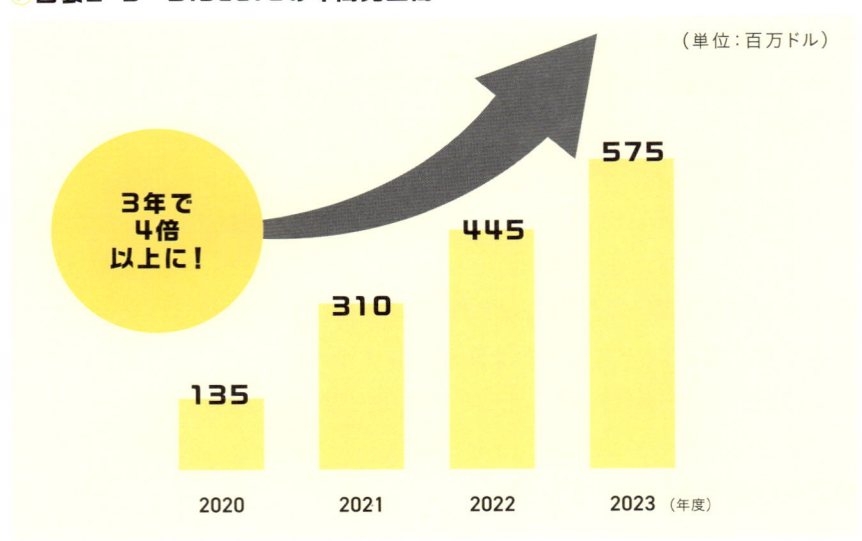

ているのか。

　Xのような巨大なオープンSNSでしばしば問題になるのが誹謗中傷だ。とても残念なことに誹謗中傷により命を落とす事例すらあり、事態は深刻だ。そこまでいかずとも、内容を理解していない的外れで批判めいた返信、いわゆる「クソリプ」と呼ばれる投稿は日常茶飯事だ。

　オープンSNSはその特性ゆえに、どうしてもこのような混沌や無益な

・　mini 解説　・

● **Discord**

　Discord（ディスコード）は、当初オンラインゲームコミュニティを支援する目的で開発されたコミュニケーションアプリだ。参加したコミュニティサーバー内では、テキストや音声チャットが無制限で利用でき、遅延も少ない。また、プレイ画面配信が無料で行えるなど機能性も高く、ゲームコミュニティから絶大な支持を得た。

　2024年時点で月間アクティブユーザーが約2億人おり、主な利用者層はZ世代（10代から30代前半）やミレニアル世代（20代後半から40代前半）だ。現在はゲームコミュニティだけでなく、趣味やビジネスなど幅広い用途で利用されている。

衝突を生む。それに伴う心的ストレスや対応のための労力、時間の浪費が大きな問題となっている。

　それでも以前は、皆我慢しながらオープンSNSを使っていた。それしか選択肢がなかったからだ。しかし今や、Discordに代表される使い勝手の良いクローズドSNSアプリが台頭してきた。わざわざ不愉快で余計なコストのかかるオープンSNSを利用する必要はなくなったのだ。

●クローズドSNSの心理的安全性

　このようなクローズドSNSはコミュニティ形成に適している。例えばDiscordでは、サーバーという仕組みで興味関心の共通したメンバーのみでチャットできる。同じサーバーには、同じ興味関心を持つメンバーだけを招待することができる。この仕組みが画期的なのだ。

　メンバーの興味関心が一致しているので、不快な誹謗中傷や「クソリプ」などがない。レアケースとして敵対的な人物が紛れ込むことはあるが、その場合は管理者が当該人物をサーバーから除外すればいい。このようにサーバー内のメンバーを適切に管理することで、メンバー全員の心理的安全性を担保できる。コミュニティにとって心理的安全性は必要不可欠な要素だ。

「そんなことをすれば、外部との連携が取れずに組織がサイロ化するのではないか」と案ずるかもしれない。しかしそうした心配は不要だ。例えばあなたの会社を想像してほしい。そこには、あなたの会社の商品やサービスに興味関心がある人が社員として集まっているはずだ。だからといって、一般社会から切り離された仙人のような人たちの集団にはなっていないだろう。クローズドSNSにも同じことが言える。

　いや、もっといえば会社組織に比べ、クローズドSNSはより自由で開放された場所だ。Discordのサーバーへの出入りは基本自由だし、1人が複数のサーバーに所属することもできる。多くの人はオープンSNSも併用しているだろう。目的や興味関心に応じたコミュニティに自由に所

	オープンSNS	クローズドSNS
誹謗中傷	しばしばある	皆無
コミュニティの形成	しにくい	しやすい
心理的安全性	低い	高い

**誹謗中傷などの心配がなく、仲間と快適に過ごせる
クローズドＳＮＳの方が居心地がいい！**

という事実に気づく人が増えているから

属でき、快適に過ごせる。これがクローズドSNSの魅力でありメリットなのだ。（図表２−４）

　人々がクローズドSNSを求め、オープンSNSからクローズドSNSに移動している理由が分かったと思う。

　話はこれだけではない。ここにさらにWeb3の特徴が加わるとどうなるか見ていこう。

●経済価値を共有できるWeb3

　興味関心が一致しているクローズドSNSの特徴を、さらに加速させるのがWeb3だ。Web3の大きな特徴の一つは、暗号資産やNFTを通じて経済価値を共有できる点にある。

　例えばCNPホルダーコミュニティはCNPの価格を通じて、経済価値を共有している。経済価値を共有することで、コミュニティの利害関係が一致する。つまり全員でベクトルを一致させ、一丸となって前向きに行動するようになる。

本章の冒頭で述べたCNPの大量売りに対するコミュニティ集団の買い支えには、こうした背景があるのだ。

もともとクローズドSNSで興味関心が一致している。そのうえ暗号資産やNFTで経済的価値をも一致させることができるので、コミュニティの団結力が極めて強くなる。これがWeb3コミュニティの大きな特徴の一つだ。

●透明性の高さがもたらす効果

Web3のもう一つの特徴は透明性の高さだ。Web3の暗号資産やNFTは、その取引がインターネット上にすべて公開されている。ガラス張りで誰でも閲覧できる仕組みだ。この透明性の効果も大きい。

コミュニティメンバーの貢献度の評価は常に難しい問題だ。Web3の透明性は、この評価に客観性を与えてくれる。

例えば、コミュニティメンバーの中に「抜け駆け」したい人物がいたとする。その人物がこっそりバレないように暗号資産やNFTを売却して利益を得たいと考えても、それはできない。なぜなら取引が公開されて

• **mini 解説** •

●office-ジェネラティ部

office-ジェネラティ部は、2022年1月にNinjaDAO内に創設されたチャンネル。当時海外で流行していたジェネラティブNFTコレクションについて情報収集、研究し、CryptoNinjaの2次創作NFTコレクション発行や、国内クリエイターのNFT発行を支援するのが目的。

ジェネラティブNFTの情報やアイデアについては、すべてこのチャンネル上で発言、議論された。Road氏がファシリテート、とりまとめする形でCryptoNinja Partners（CNP）NFTの構想が具体化。わずか4カ月後の5月15日にCNPがリリースされた。根回しなどは一切行われず、コミュニティの自由な参加とオープンな議論のみで生まれたCNPは、Web3時代のIPを目指すプロジェクトにふさわしいと言える。CNPのファウンダーはRoad氏。

現在office-ジェネラティ部はCNPホルダーのみが閲覧投稿できるプライベートチャンネルとなっている。2024年10月時点でも毎日活発な情報交換と議論が行われている。新しくCNPホルダーとなったメンバーをみんなで歓迎する文化が根付いている。

いるので、誰が見てもその人物が売却したと分かるからだ。

　もちろんWeb3には匿名性もあるので、どの人物かが分からない場合もある。だが、特定人物宛にNFTやトークンを配った場合は、人物とウォレットが紐づくので、誰が売却したか一目瞭然だ。

　なんだか監視社会のようで窮屈に感じるかもしれないが、現代社会は誰かがどこかでこっそり監視しているのが現実だ。あなたの行動はインターネットを通じて巨大IT企業に把握され、外に出ればあらゆる場所に設置された監視カメラであなたの行動が記録されている。どこまで記録されているのか、それがどう扱われているか、不明瞭な場合が多い。

　一方、Web3ならば完全公開なので、自分で記録を調べることもできる。公開か非公開かに関係なく監視される現代社会では、むしろWeb3のような完全公開のほうが健全なのかもしれない。

　このWeb3の透明性をプラスに変えることもできる。例えばコミュニティのNFTを大量に保有し、売らずに大切に保管するなどの行動もガラス張りだ。このような人物はコミュニティから歓迎され、称賛される。売買履歴はブロックチェーンを見れば明らかなので、その人が主張する必要もなく極めて効率が良い。ブロックチェーンに嘘が入り込む余

<!-- mini 解説 -->

● ブロックチェーン技術とWeb3

　ブロックチェーン技術とは、インターネット上に取引を記す、分散型台帳の基礎技術だ。誰かの取引は、ネットワークに参加する多数の計算機により承認され、複数の取引を一つのブロックにまとめた上で過去のブロックにつながれる。ブロックが鎖のようにつながる様から、ブロックチェーンと呼ばれる。原則は多数決であり、中央集権的な構造を持たないことが多い。これを分散型と呼ぶ。また、誰か特定の人物や組織を信じる必要がないことから、トラストレスな台帳とも言われる。

　Web3（Web3.0）とは、ブロックチェーン技術を基盤とする分散型インターネットの概念だ。イーサリアム共同創設者の一人、ギャビン・ウッド博士が2014年に初めて提唱した。Web3は①データがブロックチェーン上に保存され、中央集権的な支配を受けない②自分の資産は自分で管理する③信頼関係がなくとも誰もが平等に取引できる、などの特徴を持つ。中央集権的な支配を受けやすくセキュリティ性も低いWeb2の進化版としてWeb3が使われた。

▶図表2-5 Web3の特徴まとめ

1. 経済的価値の共有

Web3のトークン（暗号資産やNFT）は取引が可能で、価値がつく。そのトークンを保有、売買、譲渡することで、保有者集団の経済圏（トークンエコノミー）を形成できる。トークンエコノミーはクローズドSNSのコミュニティと親和性が高い。

2. 高い透明性と信頼性

保有トークンの種類と量、トークンの売買履歴がブロックチェーンに記録されており、インターネット経由で誰でも自由に閲覧できる。ブロックチェーンには「事実」が記録されており、言葉以上に信頼できる情報源だ。

地はなく、コミュニティの心理的安全性も確保される。（図表2-5）

　以上、オープンSNSからクローズドSNSのトレンドと、Web3がクローズドSNSコミュニティに与える効果について述べた。クローズドSNSのWeb3コミュニティはこれらの相乗効果で高い生産性を発揮することがある。

　では次に、Web3コミュニティがどのような消費や投資をする傾向にあるのか見てみよう。

コミュニティ主導の消費
ファウンダーや運営予算まで応援する文化

　2022年12月28日、午前11時30分。ジェネラティブNFTコレクションのLive Like A Cat、略称LLACのリリースを30分後に控え、Xのスペースがスタートした。

　正午に無事LLACの初期販売、いわゆるNFTの「ミント」がスタート。オファー価格0.5ETHから始まり、ぐんぐん価格が上昇。リリース直後の2次流通では最高3ETH（当時のレートで約48万円）で約定した。その後も順調に取引が続き、リリース後わずか1時間で出来高は100ETHを突破。その後も取引が増え、24時間の出来高はなんと392ETH（約6270万円）まで膨れ上がった。

　この日、LLACがOpenSeaのトレンドのトップに躍り出た。

●LLAC成功のカギは「AL磨き」

　LLACは「猫のように生きる」をコンセプトにした猫森うむ子氏のアートコレクション。株式会社むらかみかいぞくの代表、しゅうへい氏がファウンダーを務めている。あくまでアートが主体であり、いくつかの特典はあるものの、直接的な投資・経済的なインセンティブは持たな

• **mini 解説** •

●ETH、イーサリアム

　ETH（イーサ）はイーサリアム上の基軸通貨。イーサリアムは「インターネット上に分散型コンピューターを作る」ことを目指した最初のブロックチェーンプロジェクトだ。分散型金融のDeFi（ディファイ）やデジタル証明書となるNFTなど、現在のWeb3に欠かせない数多くの技術と概念、関連サービスを生み出した。

　ETHの時価総額は2024年6月時点でビットコインに次ぐ世界第2位で約72兆円。第3位BNBの約14兆円を大きく引き離し、現在もその利用と経済圏が拡大している。

い。にもかかわらず、LLACのリリースは大成功を収めた。

　LLACの成功には理由がある。AL（Allow List）と呼ばれる仕組みを駆使したマーケティング手法だ。

　ALとは初期購入権利のこと。ALがあればNFTを初期価格で購入できる。価格上昇の期待があるNFTはALへの人気も高まる。当然、目ざとい転売ヤーもAL獲得を狙う。

　しかし大量のALが転売ヤーの手に渡れば、価格が崩壊してしまう。彼らはNFT自体に興味はなく、「お金」だけが目当てだからだ。NFT価格が上昇すれば売るし、下がっても損切りで売る。つまり初期価格以上の買い圧力を生まず、プロジェクトにとって厄介な存在だ。

　ここで、いわゆる「AL磨き」が登場する。

　LLACのALには多数の希望者が殺到したため、マーケティングを担当したイケハヤ氏が抽選後に「目視」でALを付与していった。この目視判断の一つの根拠となったのが、Web3コミュニティでの振る舞いだと言われている。

　Xのアカウントはもちろん、ウォレットの履歴もチェックされた。そ

• **mini 解説** •

●ミント、AL

　ミントとは新しくNFTを生成すること。NFTプロジェクトから新しいNFTを販売する際、「ミントする」などと言われる。

　AL（Allow List）は主にNFTやトークンの初期販売時に購入が許可されたメンバーリストを指す。本書に登場するLive Like A Cat（LLAC）の初期販売やフィナンシェのTheMafiaAnimal Zoo（TMAz）、CNPトレカプロジェクトのトークン販売時等にALが活用され、その後の価格安定に寄与した。

●ねこぬし

　ライフスタイルブランドのLLAC（Live Like A Cat）のNFTホルダーのこと。LLACは猫をモチーフにしたデザインであることから、飼い主や株主等になぞらえた造語。主にLLACのコミュニティ内で使われている。ちなみに、同コミュニティではNFTの数え方に、個でも枚でもなく「匹」を使っているのが特徴。さらに、持っているNFTの数に応じて、感謝や称賛の意を込めた特別な呼称も存在する。例えば、1匹：ねこぬし、3匹：猫猫猫ぬし、10匹：大猫主、など。

こまで徹底して「AL磨き」を行うことで、「即売り抜ける転売ヤー」を事前に排除した。その結果売り圧が減り、LLACの見事なリリース成功につながったのだ。

●「売らない約束」で配布

　LLACリリースから約1年後、今度はWeb3型コミュニティアプリのフィナンシェでも同様のことが起きた。

　TheMafiaAnimal Zoo（TMAz）の事例を紹介しよう。（図表2−6）

　TMAzは動物園への支援を通じてTheMafiaAnimals（TMA）のキャラクターを育てるフィナンシェ内のプロジェクトだ。親プロジェクトとしてTheMafiaAnimals Soldiers（TMAs）などがある。ファウンダー＆クリエイターはCryptoNinja生みの親でもあるRii2氏だ。

　このTMAzもWeb3のコミュニティ力とALを活用した。

　TMAzはALの配布に当たり、一人ひとりを審査する形ではなくて、結束力の強い既存のWeb3コミュニティのメンバーに「売らないと約束で

▶図表2−6

きる人だけご参加ください」と呼びかける手法を選択した。しかしそれでは購入する意味がないと思われるかもしれない。

　ところが、TMAzは見事なリリースとなった。リリース後のマーケットでは買いが殺到し、連日のストップ高を達成。その後も価格が堅調に推移し、リリースから約1カ月後には当時の最高値となる247円を記録したのだ。

　このように、強いWeb3コミュニティと連携することができれば、プロジェクトの成功確率を高めることができる。もちろんTMAz自身が、以前から他コミュニティとの信頼関係を築いてきたことも大切な成功要因だ。

●Web3の特性とメンバーの行動原理

　これらの事例で共通しているのは、Web3特有の透明性を活用していることだ。例えばALの応募メッセージに、「プロジェクトを応援します！」と熱く書かれていたとする。しかし、同一人物のウォレットのブロックチェーンに、過去、NFTを無慈悲に売却した履歴があったのでは信用できない。

　つまりWeb3では言葉だけでなく行動履歴もオープンになるので、AL対象者から転売ヤーを除外しやすくなる。結果、上で述べたような成功事例が生まれてきたのだ。

　また、強いWeb3コミュニティはブロックチェーンの仕組みと価値を熟知している。そのため、言葉と行動が一致するメンバーが多い。こうした強いWeb3コミュニティと連携すれば、プロジェクトが成功しやすくなる。

　Web3の効果はこれだけで終わらない。透明性を活かし、行動を隠すのではなく逆にアピールすることもできるのだ。

　例えばCNPは一時期、OpenSeaの一方的な方針変更でロイヤリティ率が極端に低下したことがある。利益を狙うホルダーにとっては、ロイヤ

リティがかからなくて済むので利益を増やすチャンスだ。しかしCNPホルダーのほとんどが、それを望まなかったのだ。これが後に、マーケットプレイスの契約先を移行してロイヤリティを復活させることにつながる。

　一見理解しにくい行動だが、ブロックチェーンの履歴に残ることを考えれば、ある意味合理的といえる。ロイヤリティを払いたいという意思をブロックチェーンに刻むことで、プロジェクトに対する自身の忠誠心や愛着を未来永劫、強烈にアピールできるからだ。

　また、個々のコミュニティメンバーが価値を高める行動を取ることで、コミュニティ全体の価値も上がっていく。先のTMAzの成功は、AL作成に参加したコミュニティメンバーの成功だとも言える。関連したコミュニティメンバー全員が成功者という関係になれるのだ。

●Web3コミュニティの強み

　ここまで述べてきた通り、Web3コミュニティの消費や投資はブロックチェーンを活用、または意識したものが多い。ALを活用したNFTやトークンリリースでは、AL作成にブロックチェーン情報を活かすことで、転売ヤーを排除しやすくなる。また、Web3コミュニティメンバーはブロックチェーンに行動履歴を刻むことを意識した消費や投資をするようになる。

　結果として、コミュニティリーダーとメンバーが同じ目的や経済的価値に向かって行動するコミュニティが出来上がる。これがWeb3コミュニティの強みだ。（図表２−７）

　これは、なにも一過性のトレンドではない。Web3という確固とした技術に立脚した必然的とも言える傾向であり、今後も同様のコミュニティが生まれてくる可能性がある。

　こうしたWeb3コミュニティの強さは、その外にも認知を広げつつある。例えばCNPには企業スポンサーが付き、堅調にその数を増やしてい

▶図表2-7　Web3がコミュニティに与える効果

	経済的価値の共有	透明性の高い情報
プラスの効果	トークン価値増大を目指して、コミュニティの方向性を一致させることができる。例えばNFTを初期から長期保有することでNFT価値を維持、向上しやすくなる。	保有トークンの種類、保有量、売買履歴記録を通じた貢献の度合いが客観的に分かり、それを疑いなく証明できる。
マイナスの抑制	トークン価値が下がる場面でコミュニティが買い支えることもある。	コミュニティから価値を奪うテイカーを発見するための客観的な手がかりになる。例えば過去の売買履歴を見て長期保有する可能性が高いと見込まれるメンバーにALを渡すなどが可能になる。

る。企業スポンサー制度開始からわずか3カ月足らずで、その数は6社・団体となった。企業もWeb3コミュニティに一目置き始めている証拠の一つと言えるだろう。

04 個人的価値観から集団的価値観へのシフト
ブランドと消費者間の新しい関係性

　ビジョンと経済的価値を共有したコミュニティメンバーは、個人的な利害を超えた行動を取ることがある。その一例が「ガチホ」だ。

　ガチホとは「ガチ」と「ホールド」を組み合わせた造語だ。株式やトークン、NFTなどの投資対象を購入後、売却せずにずっと保有し続けることを指す。

　先の事例で示したCNPしかり、LLACしかり、コミュニティメンバーは好んでガチホをしている。命令や契約で縛るのではなく、コミュニティの文化として醸成されている行動様式だ。

　CNPのファウンダーであるRoad氏は、CNPを自由に売買してほしいと明言している。にもかかわらずCNPホルダーにはガチホする人が多い。LLACはリリース前からガチホを推奨しており、ガチホ文化が根付いている。

　一方、ガチホに反対する人も多い。確かに一理ある。経済合理性からみれば、NFT価格が上昇したところで利益確定のために売るのが自然だからだ。特にLLACはガチホ推奨NFTのため、リリース後に「ガチホ論争」まで巻き起こした経緯がある。

　ではなぜ、経済合理性を超えてガチホする人が存在するのか。

●全体の利益を高めるガチホ

　端的に結論から言えば、ガチホした方がコミュニティ全体の利益が高まりやすいからだ。ガチホする人は個人の利益よりコミュニティの利益を優先する人、といえる。当然このような人が多数集まったコミュニ

ティは団結力が強い。

　詳しく見ていこう。ガチホする、つまりコミュニティのトークンやNFTを長期的に売らないことで売り圧が減り、価格が下落しにくくなる。結果、価格が安定し、少しのキッカケで上昇しやすくなる。これがコミュニティ価値の上昇ルートの一つだ。仮に価格がしばらく上昇せずとも、ガチホすることで将来の上昇を期待できる。

　ガチホはコミュニティの価値を上昇させる重要な手段の一つなのだ。

　あなたは疑問に思うかもしれない。Web3は自由な場であると言われることが多い。それなのになぜ窮屈なガチホをするのだろうか。もしかしたら、コミュニティがガチホを強制しているのだろうか？

　それは違う。ガチホはあくまでも自発的行為だ。では、なぜそうするのか。実はガチホすることが長期的に個人の利益にもなる期待があるのだ。価格を通じたコミュニティ価値の上昇期待が一つ。もう一つはブロックチェーンを通じた「ガチホ証明」だ。

●ギバーであることの証明にも

　ガチホしていることはブロックチェーンを見れば明らかだ。そのため実際にガチホすれば、「私はガチホしています」とコミュニティに証明できる。ガチホはコミュニティの利益を優先する行動なので、自分が「ギバー（与える人＝利他的な人）」であることをコミュニティに嘘偽りなく示すことができる。

　これはそのコミュニティで活動したい、貢献したいと願うメンバーにとって有利な状況を作る。実際、コミュニティのトークンやNFTを多く保有し、ガチホし続けるメンバーはコミュニティから称賛され、受け入れられる傾向が強い。

　結局、コミュニティと一緒に成長したいと考えるメンバーは、コミュニティの利益を優先するギバーの行動を取ることで、自分にも多大な恩恵が返ってくる。まさに情けは人のためならず、だ。

その一方、ブロックチェーンを使えば「フリーライダー（ただ乗り）」や「テイカー（受け取る人＝利己的な人）」も排除できる。フリーライダーやテイカーとは、他人の資産や成果を奪おうとする人たちのことだ。もちろん違法に奪うのではなく、巧みに、狡猾に奪おうとする。

　前節で、初期購入権利AL付与の際にブロックチェーンの売買履歴が役に立つと述べた。ギバーのフリをしながら狡猾に近づくテイカーを、ブロックチェーンの記録を元に排除しやすくなる。

　結果、本当にガチホする人がWeb3コミュニティに残る。そうしたギバーから成るコミュニティをブロックチェーン技術を使って実現したのがWeb3コミュニティなのだ。

　Web3コミュニティは真のギバー集団であり、強力なコミュニティだ。（図表２－８）

　本章をまとめよう。

　現代人は広告を嫌う傾向にある。広告抜きでマーケティングを考える際に、コミュニティを活用する視点が欠かせない。（第１節）

　広告だらけで誹謗中傷の多いストレスフルなオープンSNSから、快適なクローズドSNSへの移行が進行している。興味関心が一致する人が集まるクローズドSNSは、コミュニティを作るための大切な下地となる。（第２節）

　さらにWeb3のブロックチェーン技術が加わることで、コミュニティがビジョンと経済的価値を共有することが可能になる。これがWeb3コミュニティの大きな特徴の一つだ。（第３節）

　ビジョンを共有したメンバーはコミュニティトークンやNFTをガチホし、ギバーとして振る舞う傾向が強い。ブロックチェーンによりテイカーを排除しやすくなる。Web3コミュニティはビジョンと経済的価値を共有した強力なギバー集団だ。（第４節）

　（図表２－９）

▶図表2-8　成功するWeb3コミュニティメンバーの行動原理

トークンの価値を感じる
・トークン価格の上昇
・ホルダー限定特典
・ホルダー同士の交流

メンバーの活動
を通じてトーク
ン価格が上昇

トークン価格だけ
でなくその他の
魅力にも気づく

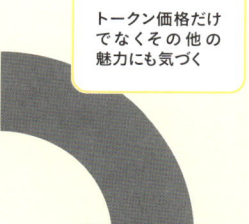

コミュニティに賛同する
メンバーが集まる
・言葉ではなく行動や結果を
　大切にする人が集まる
・短期ホルダーやテイカーは
　去り、長期ホルダーとギバー
　が残る

コミュニティトークン
（NFTやフィナンシェトークン等）

トークンの価値を
信じる
長期ホルダー
・トークン価値を継続的
　に上昇させるメンバー
・プロジェクトへの貢献
　を惜しまない

ブロックチェーン
で行動を証明で
きる

トークンと自分の価値
を高める行動
・トークンを長期保有する
・トークンを買い増しする
・トークンを仲間に配る

トークン価格にかか
わらず日常的にトー
クン価値を向上させ
ようとする

Illustration by 16snow and KIKO

▶図表2-9　第2章のまとめ

	広告とコミュニティの関係	Web3技術との合流
背　景	オープンSNS上で広告が配信されていた。コンテンツが広告で分断され、広告が嫌われる傾向に。	暗号資産に加え、より保有感の強いNFTが登場した。
トレンド	広告のないクローズドSNSが台頭。コミュニティが形成されやすい。	コミュニティにとってのトークン（NFT等）が誕生し、経済的価値やビジョンを共有したギバー集団へと進化している。

第3章

Web 3
コミュニティの
未来

林（健太郎）｜CNP出版部

Web3コミュニティの力
ブロックチェーン技術が生み出す新しい結びつき

　Web3コミュニティが強力であることは、これまで挙げた事例でお分かりいただけたと思う。では、Web3がなぜ強力なコミュニティを形成できるのか。その理由については、ここまで読んでもまだ十分に理解できないかもしれない。

　理解を深めていただくため、ここでは技術面に焦点を当てて解説していこう。強いWeb3コミュニティを支える根幹となるのが、ブロックチェーンによる「証明」だ。

●ブロックチェーンで分かる過去の「振る舞い」

　ブロックチェーンはインターネット上に公開された取引台帳と言える。インターネットに接続さえすれば、誰でも閲覧できる高い透明性を持つ。さらに分散型で取引の正当性を証明する仕組みも備わっている。

　デジタルタトゥーという言葉をご存じだろうか。一度投稿した内容がいつまでもタトゥーのようにインターネット上に残り、その影響が消えないことを指す。ブロックチェーンはある意味、良くも悪くもデジタルタトゥーの進化版と言える。ブロックチェーンの記録は残り続け、かつそれが正しいと証明されるからだ。（図表３－１a・b）

　Web3コミュニティにとって、ブロックチェーンは貴重な情報源だ。LLAC（Live Like A Cat）プロジェクトは長期保有、いわゆるガチホを推奨している。LLACリリース時に、ガチホをしやすい人にALを渡すマーケティング手法を採用したことは既に述べた。

　ガチホをしやすい人かどうかは、ブロックチェーン上の過去の売買記

▶図表3-1a　Etherscanに残される実際の売買履歴例（筆者取引）

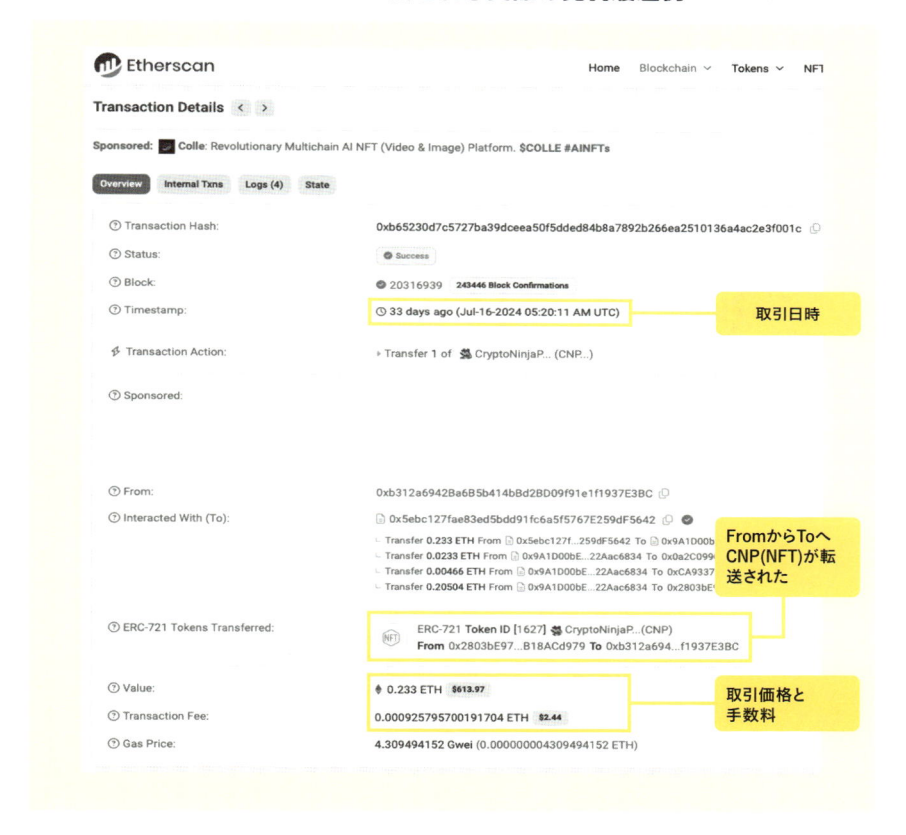

録から推測できる。これまで、NFTを初期販売で手に入れてからすぐに売却している人は、LLACもすぐに売却する可能性が高いからだ。逆にNFTを初期販売で購入後ずっと保有している人は、今後もガチホしてくれる公算が大きい。

　もちろん振る舞いを変える人もいるので、過去の記録がすべてとは言えない。あるいは新しくトークンやNFTを購入しようとする人は、ブロックチェーンの記録がなく参考にできない。

　そのため、ブロックチェーンがあるからといって、その人の振る舞い

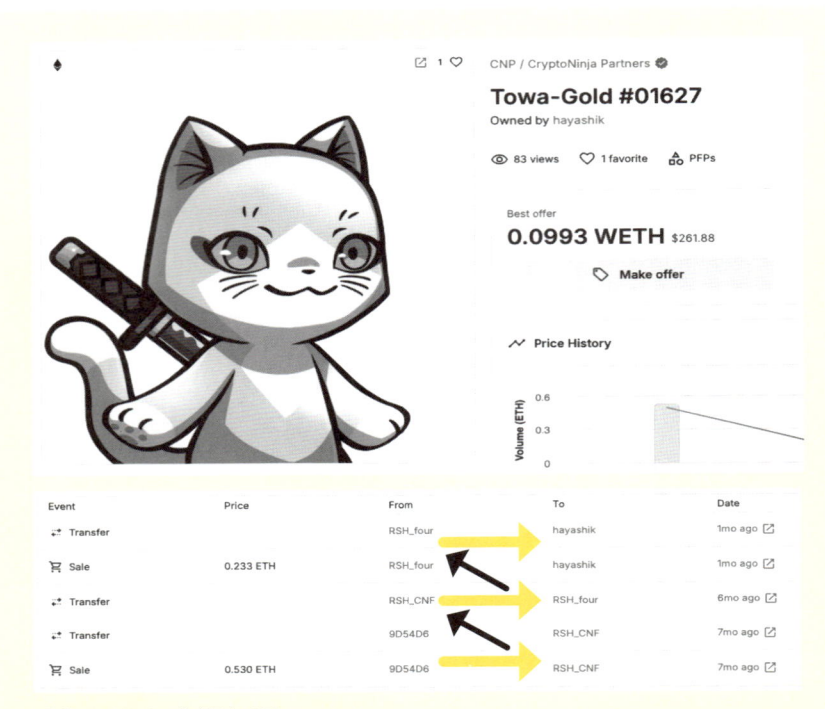

画像はOpenSeaより、筆者保有のNFT
https://opensea.io/assets/ethereum/0x138a5c693279b6cd82f48d4bef563251bc15adce/1627

このNFTがどのウォレットからどのウォレットに売買、移動してきたのか、全ての履歴を追跡できる。

この例の場合、閲覧時点から見て

7カ月前に9D54D6からRSH_CNFへ0.530ETHでトレード
6カ月前にRSH_CNFからRSH_fourへ転送
1カ月前にRSH_fourからhayashikへ0.233ETHでトレード

されたことが分かる。

これらの記録はブロックチェーンで記録、証明されており、恣意的に改ざんや削除はできない。

を100%予測するのは不可能だ。とはいえ、平然と嘘をついてもバレないWeb2に比べれば、Web3のブロックチェーン情報は大いに役立つ。実際LLACのローンチは大成功だったのだ。

●投票権や会員証としての役割も

さらに、ブロックチェーン上のトークンやNFTには、投票権や会員証のような役割を持たせることができる。

NinjaDAOでは年に1度程度、CryptoNinjaコレクションの新作NFTのオーナーを決定する選挙が行われる。この選挙に投票できるのがCNGT（CryptoNinja Governance Token）ホルダーだ。

CNGTはブロックチェーン上のトークンであり、偽造や複製は不可能だ。これにより有権者であることを証明できる。ブロックチェーンを使えば公正な投票が可能になるのだ。しかも、すべての手続きがインターネット上でできるので、場所の制約も受けず、オンラインコミュニティとの親和性も高い。

またNinjaDAO内にはCryptoNinja Partners（CNP）オーナー専用のチャンネルがあり、日々オーナー同士のコミュニケーションに利用されている。オーナーだけに知らされる情報もあり、とても貴重な場所だ。

Discordでは、このように特定のNFTを持つメンバーだけが閲覧できるチャンネルを作成できる。またフィナンシェにも、一定数以上のコミュニティトークン保有者だけが閲覧できるチャンネルを作成可能だ。

このようにトークンやNFTを会員証として利用することができるのだ。偽造やコピーが不可能なブロックチェーンの特性を活かしたサービスと言える。

●コミュニティの強さを支える

ブロックチェーンの情報は疑う必要がない。相手の本名、住所、年齢、性別、年収、職業などを知る必要も全くない。なぜならブロック

▶図表3-2 コミュニティを支えるブロックチェーン技術

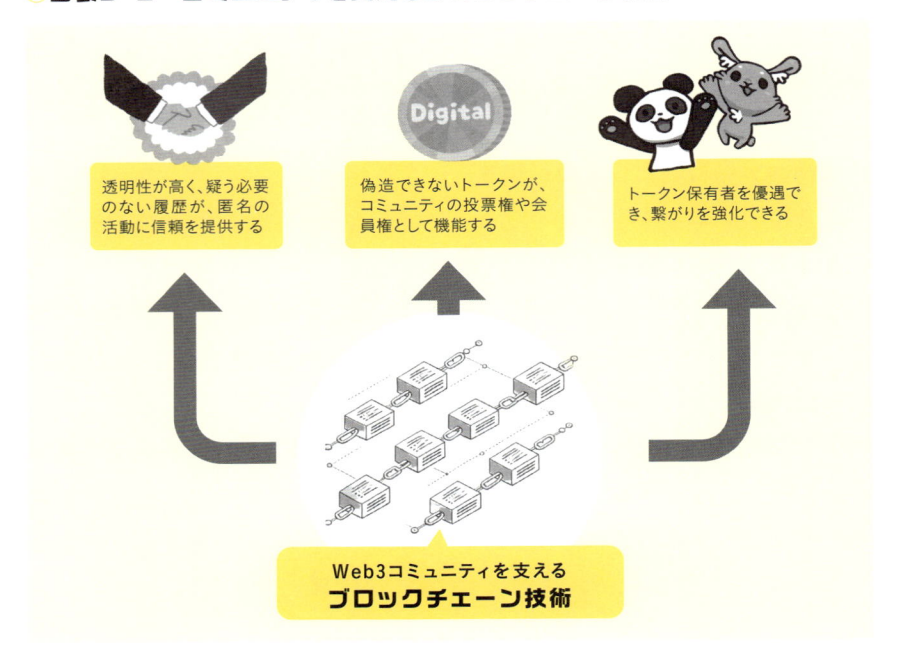

チェーンが相手の状況や行動を偽りなく正確に伝えてくれるからだ。ブロックチェーンを上手に活用すれば、コミュニティメンバー同士が匿名でオンラインでつながりながら、安心して一緒に活動することができる。

コミュニティの結びつきが強くなってくると、助け合いやギバーが増えてくる。その方がコミュニティにとってプラスになり、巡り巡って自分にとってもプラスになることが増えるからだ。

このように、強いコミュニティでは利他的なメンバーが増え、さらにコミュニティが強くなる正のスパイラルが生まれる。そのスパイラルを影で支えているのがブロックチェーン技術というわけだ。

利他的なメンバーの多くは、根っからのギバーだ。しかし一方、あえてブロックチェーンに利他的な行動を刻み、自分を良く見せようとする

打算的なメンバーも中には存在するかもしれない。

　だが、それでもいいのだ。コミュニティにとってプラスになる行動は、その意図はどうあれ素直にコミュニティから称賛される。打算的なメンバーすら貪欲に取り込み、ますますコミュニティが強くなっていく。

　それがブロックチェーンに支えられたWeb3コミュニティの強さの一つなのだ。(図表３－２)

02 デジタル資産の価値化とNFT
芸術作品からデジタル商品まで、新しい所有の形態

　ここでブロックチェーンの応用技術、NFTについて深堀りしてみよう。
「NFTはただの画像。NFTに価値を付けて売るのは詐欺だ」
　NFTがまだ正しく理解されていなかった初期のころ、このような意見が一部で真剣に取り上げられていた。もちろんNFTはただの画像ではない。ただの画像とNFT付きの画像は明確に異なる。

●唯一無二であることの証明書

　NFTは唯一無二であることを証明する、デジタルの証明書だ。画像にとってNFTはデジタルの「真贋証明書」と同じだ。画像がいつ、どこで生まれ、誰の手に渡り、いくらの価値と交換されてきたのか。そうした記録を画像とともにブロックチェーンに刻み込む。ブロックチェーンは嘘をつけないし複製もできない。
「デジタル画像なんてカンタンに複製できるじゃないか」
　と思われるかもしれないが、デジタル画像でなくリアルの絵画でも複製は可能だ。実際、贋作は世にたくさんある。しかし本物はただ一つだけだ。だから真贋証明書が必要なのだ。そしてデジタルで本物を証明するのがNFTだ。
　複製できないことが、自分だけのもの、つまり「所有」の概念につながる。

●画像の「所有」が可能に

　NFTの画像は、あたかもその画像を所有している感覚を生み出す。リ

アルの絵画やアートを所有するような感覚を、画像付きNFTでも味わうことができるのだ。これは従来なかった新しい感覚だ。

　この違いを、例えばAmazonのKindle本と比較してみよう。あなたがKindle本を購入したとする。しかしあなたはその本を所有していない。なぜならKindleで買ったのは「書籍の閲覧権利」だからだ。

　もしAmazonの規約等に違反したり、あるいは規約が変わったりしたら、あなたの閲覧権利は没収されるかもしれない。ブロックチェーンではない従来のデジタルデータは、このような中央集権的な扱いなのだ。デジタルデータの複製が容易なことから、これは仕方のない措置といえる。

　しかしNFTならば、誰かの管理を気にせず所有ができる。法的には所有と言えないかもしれないが、少なくとも実質的な所有は可能だ。これが新しい価値を生み出す。価値があるものには「価格」がつき、有償での取引が可能になるのだ。

　これは会員券やチケットなどが中古市場で売買されている状況と同じと言える。これをデジタル上で実現したのがNFTというわけだ。今やNFTはデジタルアートだけでなく、デジタル会員券や入場チケットなどへも応用が広がっている。（図表３−３）

▶ CNPが会員権のように利用できる

	従来のデジタルデータ	NFT付きのデジタルデータ	コメント
複製不可か	✖	△	NFT部分は複製できない
削除不可か	✖	△	NFTが存在した記録は削除できない
真贋証明できるか	✖	○	
会員権やチケットして使えるか	✖	○	
所有できるか	✖	○	法的な所有とは異なるが、実質的な所有ができる

●NFTが起こしたデジタル資産革命

　デジタル上の売買は場所の制約を受けず、また移送のコストも極端に低い。リアルなモノよりも効率が高いのだ。さらにブロックチェーンなら、リアルのモノにつきものの真贋問題に悩まされることもない。世界中のどんな人間もNFTを複製することは不可能だからだ。

　具体的なNFTの事例を見てみよう。

　CNPはただのキャラクターではなく、保有することでコミュニティの仲間になれる。実際、CNP保有者でなければ参加できないチャンネルがある。CryptoNinjaコレクションも同様だ。NFTが画像の保有だけでなく、会員証としての機能も兼ねている事例と言える。

　また現代アートの旗手、村上隆氏のNFTコレクション「Murakami. Flowers」では、純粋に現代デジタルアートを所有する感覚を得ることができる。このようなNFTにはアートとしての価値が付いていると考え

られる。NFTを保有することで、リアルの絵画を所有するのと同様の感覚が得られるのだ。

　複製不可能で正統性が証明されたブロックチェーンが社会にもたらした変化は大きい。特にブロックチェーンを応用して生まれたNFTは、インパクトが大きい技術の一つだ。

　NFTでデジタルアートを所有したり、NFTを会員権やチケットなどに応用したりすることは、まさに「デジタル資産革命」と言っていい。

03 競争から共創へ
オープンソースと
コラボレーションの価値

　ブロックチェーンの情報は全世界に公開され、その内容に誤りは存在しない。ここまで、こうした特性を持つブロックチェーン技術が、個人やコミュニティに与える影響について述べてきた。

　しかし、ブロックチェーンの価値は、これだけではない。

　ブロックチェーンとWeb3の根幹をなす精神性や思想が、間接的にコミュニティに影響を与えている。むしろこの影響の方が大きいかもしれない。この精神性と思想は、Web3コミュニティの生い立ちや本質を理解するために欠かせない。詳しく見ていこう。

● Web3コミュニティが受け継ぐ共創思想

　結論から言えば、ブロックチェーンとWeb3コミュニティに共通する思想が「共創」だ。共創、つまり共（とも）に創（つく）ることを目指す。誰でも自由に参加でき、協力しながら新しい価値を生み出すのだ。

　ブロックチェーンは特定の中央管理者を置かず、ネットワーク上にある多数の計算機が協力しながら維持、運営している。個々の計算機は完全に独立していて、中には悪意を持つものも紛れる可能性がある。そのため競争の原理も採用されているが、ネットワーク全体として「証明」という価値を共創している。このようにブロックチェーンが生み出す価値はコンセンサスの創発などとも言われる。

　そして、ブロックチェーンが生み出す価値は誰でも自由に利用可能で、世界中のすべての人に公開される。

　Web3コミュニティも、しばしばこの共創思想を受け継ぐ。

例えば、日本最大級のNFTを活用したIPプロジェクトであるCNPは、誰でも使えるオープンなIPであるCryptoNinjaから派生した。また、NinjaDAOメンバーのさまざまなアイデアと協力により、CNPが生まれた。これはWeb3コミュニティ特有の共創の好事例といえよう。

　CryptoNinjaはCC0（シー・シー・ゼロ）と呼ばれる、出所の表記が不要で自由に利用ができるライセンスに近い。一定のガイドラインはあるものの、それさえ守れば無許諾でビジネス利用も可能となっている。この利用形態はWeb3の共創思想と非常に相性が良い。

　実際NinjaDAOでは、カンブリア爆発かのごとく、CryptoNinjaのファンアートが日々無数に生み出され続けている。またCNPをはじめ関連プロジェクトやビジネス、3次創作などが次々と生まれ続けている。今やすべてを把握するのは不可能に近いほどだ。

　ただし、共創の環境を作りさえすれば成功するほどコミュニティは単純ではない。では、NinjaDAOのように熱量の高い共創状態を作り出すには、何が必要なのだろうか。ヒントは「ナラティブ」にある。

●熱量を生み出す「ナラティブ」

　ナラティブの厳密な定義とは少し異なるかもしれないが、ここでは自分たちで主体的に物語を紡いでいくことを指す。ストーリーが物語の構造そのものを指すのに対し、ナラティブは話者が主体の、終わりのない物語だ。

　分かりやすく、「主人公感」と言い換えても構わない。自分たちが主人公になり、自分たちで物語を紡ぐのがナラティブだ。Web3コミュニティの共創思想の下なら、誰もが自由に自分たちのナラティブを紡ぐことができる。自分たちが主人公なのだから、熱量が高いのはある意味当然だ。

　誰かのナラティブに共感し、自分も主人公の一部になりたいと願う人々が自由に集まり、とてつもない価値を生み出す。これが共創するコ

ミュニティの成功パターンだ。

　ここまで読んで、あなたは「社員が大勢いる企業も同じではないか。企業も共創なのではないか」と思うかもしれない。

　残念ながら、企業でWeb3コミュニティのような熱量の高い共創状態を作り出すのは不可能に近い。理由は「必ず許可が必要」だからだ。

　自分たちのナラティブを紡いでいるときに「それは許可したことと違う」などと横槍を入れられたら、一気に興ざめするだろう。それはマンガの主人公が必殺技を繰り出そうとする直前に「必殺技には許可が必要です」などと言われるのと同じだからだ。つまり、許可というのは本質的にナラティブの熱量を奪う。

　一方で、CryptoNinjaは原則無許可で利用できる。しかもビジネス利用も可能だ。自分たちで共創しながら、収益が発生したら山分けすることもできる。ナラティブを紡ぐのにこれほど適したIPも稀だろう。

　NinjaDAOが高い熱量を持つ背景には、このような共創とナラティブの掛け算があるのだ。（図表3－4）

●企業とは異なる可能性

　企業でも似たようなことはできるかもしれない。例えば権限委譲やアメーバ経営などは、現場の熱量を高めるためによく知られた方法だ。とはいえ最終的な許可制は残る。そもそも大胆な権限委譲ができる企業自体、少数派だろう。

　トップに権限が集中するほど、共創ではなく独裁に近づく。ワンマン経営者の下で働く社員は、トップの意思決定に逆らえない「コマ」だ。そこにナラティブは存在しない。

　株主や顧客に責任を持つ以上、それは仕方のないことかもしれない。企業組織が必ずしも悪いのではなく、企業には企業の社会的役割があり、それに応じた統治の仕組みがあるということだ。

　アフリカには「早く行きたければ一人で行け。遠くまで行きたければ

▶図表3-4　共創するコミュニティ

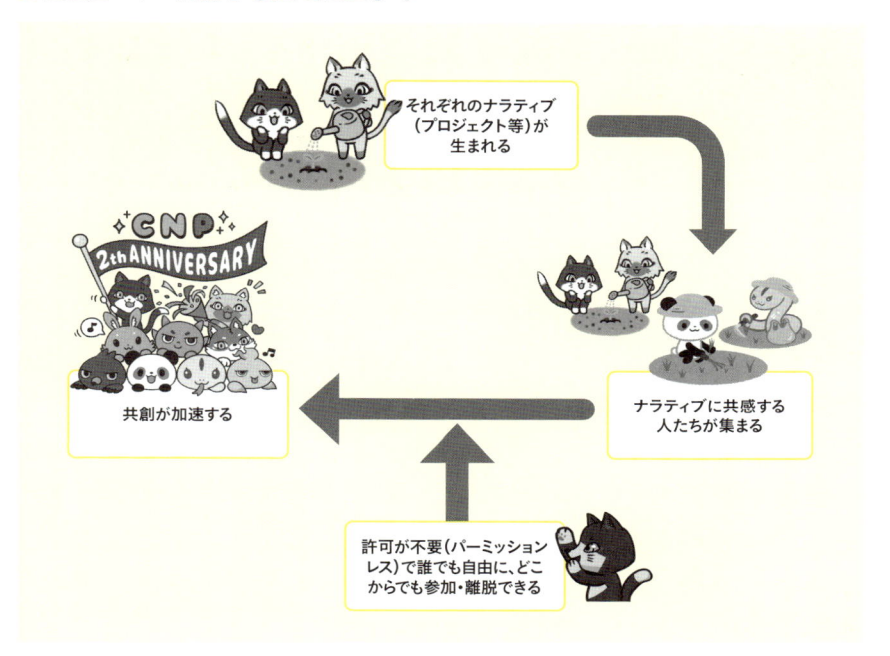

それぞれのナラティブ
（プロジェクト等）が
生まれる

ナラティブに共感する
人たちが集まる

許可が不要（パーミッション
レス）で誰でも自由に、どこ
からでも参加・離脱できる

共創が加速する

みんなで行け」という諺がある。

　確かに一人なら意思決定が早く、スピーディーに進むだろう。株主も
そのほうが喜ぶ。しかし成果は個人の限界を越えられない。会社がワン
マン経営者の器以上に成長することは難しいだろう。

　一方、共創は意思決定が大変だ。意思決定のスピードは企業に比べて
劣るかもしれない。しかし魅力的なナラティブを持ち、熱量の高いコ
ミュニティの可能性は無限大といえる。どちらが良い悪いではなく、目
的や思想が異なるということだ。

　したがって、ほとんどの企業は自らWeb3コミュニティを作ろうとす
るより、社外のWeb3コミュニティと連携する方が合理的だ。

トークンエコノミーとインセンティブメカニズム
参加と貢献を促す新しい報酬システム

本章ではWeb3コミュニティの強さの理由について述べてきた。

ブロックチェーンによる透明性や証明がコミュニティメンバーの心理的安全性を高め、安心して活動できる基盤を作る。またNFTが所有の概念を導入し、デジタル会員証の役割も担う。加えてWeb3の共創思想とナラティブがコミュニティを強くする。

さらに経済的インセンティブが加わると、コミュニティの成長が加速する。実はWeb3の仕組みがこれを可能にする。

● 強いコミュニティ×経済的インセンティブ

ここで、もう一度フィナンシェの事例を見てみよう。CryptoNinja Games（CNG）プロジェクトはトークンリリースからわずか1カ月後に100円に到達。初期価格の1000倍超を達成した。またTMAzプロジェクトが最高値246円、CNPトレカプロジェクトも最高値302円を記録し、その後も底堅く推移している。

これら事例に共通するのが「強いコミュニティ×経済的インセンティブ」という構図だ。強いコミュニティだけでなく、また経済的インセンティブだけでもない。両者が相乗的に組み合わさるとき、爆発的な成長力を見せる。（図表3－5）

強いコミュニティが馬力のあるエンジンだとすれば、経済的インセンティブはそのエンジンを駆動するガソリンだ。

強いコミュニティは確かにパワフルだ。壁にぶち当たったときに、それを乗り越える力がある。しかし経済的インセンティブがなければ続か

▶図表3-5　強いコミュニティ×経済的インセンティブ

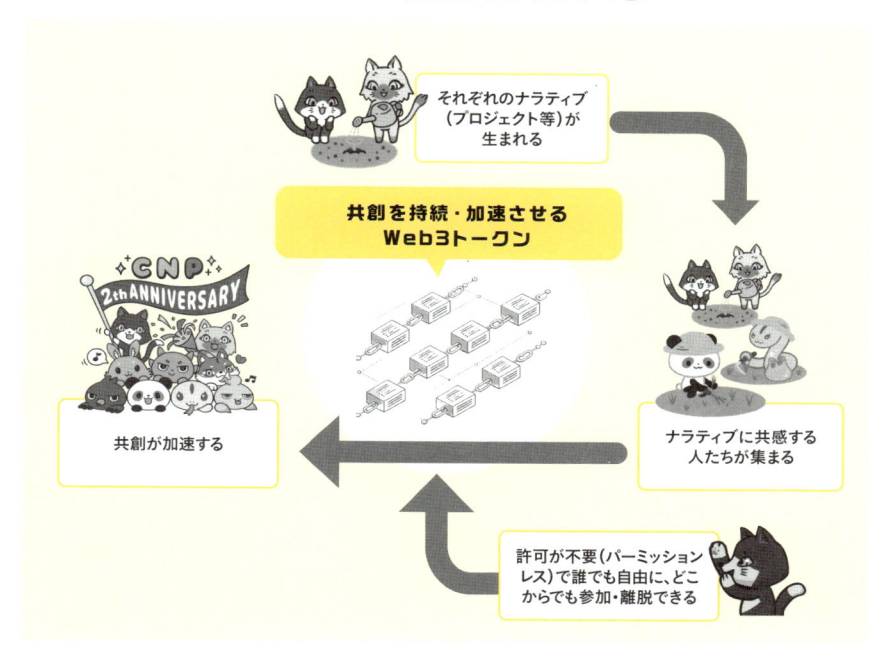

ない。誰もが無償で活動し続けることはできず、いずれ活動を停止してしまう。持続性が低いのだ。

　一方、経済的インセンティブだけでもダメだ。これは例えば1人で黙々とトレードする状況を考えれば理解できる。それぞれのトレーダーは、取引利益を経済的インセンティブにして行動している。しかしコミュニティがないため、トレーダー同士がパイを奪い合う。全体としてゼロサムゲームに陥り、そこから新しい価値を生み出すことができない。どれほど大きな経済的インセンティブがあっても、一致団結して前に進むためのエンジンがなければダメだ。

　単体では機能しにくいこれらの力が組み合わさると、破壊力絶大だ。

　Web3コミュニティの理解を深めるために、既存の似ている組織と比較しながら考察してみよう。

●ベンチャーとの類似と相違

フィナンシェのコミュニティトークンや収益性を期待できるNFTを保有するのは、例えばベンチャー企業の従業員がストック・オプションを持つ状況と似ている。

ストック・オプションは、会社の成長とともに価値が上昇する株式と交換できる権利だ。自らの会社への貢献で会社が成長すれば、ストック・オプションの価値も高まる。これが経済的インセンティブとなる。この点を見れば、ベンチャー企業の組織は従業員のコミュニティとも言える。

ただ、Web3コミュニティがベンチャー企業と異なるのは、貢献を強制されず、いつでも参加、離脱できる点だ。

コミュニティに魅力を感じたら、いつでも好きなタイミングで参加すればいい。逆に魅力を感じなくなれば、自由に離脱すればいい。その柔軟さこそ、コミュニティの強さの一つだ。企業組織ではなかなか真似できない。

コミュニティの自由さが、先ほど述べたナラティブを生み出す土壌を育む。共感を生むナラティブを持つWeb3コミュニティには、自発的な参加者が増え、自然と貢献者が増える。いわばコミュニティメンバーの大半が「自分事」で行動し、「やらされ仕事」で行動するメンバーは原理的に存在しにくい。これが、企業には決して真似できない大きな価値を生み出す可能性を高めるわけだ。

●変化の激しい時代に適した柔軟性

また、貢献の形が自由で、参加・離脱も自由な点は変化の激しい現代において重要なポイントだ。

例えばビジョンは変えずとも、外部環境の変化とともに柔軟に目標を変えなければ、組織が生き残れないことがある。その際、貢献の形やメンバーが固定化されていると、目標の変化に対応できずに組織が崩壊す

る可能性が高まってしまう。

　Web3コミュニティは、目的やメンバー、貢献の形を自在に変えながら、外部環境の変化に柔軟に対応できる。

　その上で、トークンやNFTで経済的インセンティブが与えられれば、メンバーの貢献が促される。コミュニティの成長が加速し、持続力が大いに高まる。Web3コミュニティの強さの秘訣だ。

　自由と予測不可能は紙一重だ。自由の設計を誤ると制御不能に陥り、コミュニティは崩壊する。Web3コミュニティの運営は難しいし予測しづらい。企業は、このような不確実性の高いWeb3コミュニティを自社で持つことに、抵抗があるだろう。そもそも上司や経営陣、株主に説明することが困難だ。

　その一方で、Web3コミュニティの未来は予測不可能であるがゆえに、大きな可能性があるといえる。強いWeb3コミュニティは、既存の組織には真似できない強さと可能性を秘めている。Web3コミュニティは自律的で予測不可能だからこそ、無限の可能性を持ち、魅力的なのだ。

　ここで本章の内容をまとめる。

　ブロックチェーンによる透明性、証明がコミュニティメンバーの心理的安全性を高め、メンバー同士で安心して活動できる基盤を作った。（第１節）

　NFTが所有の概念を導入し、デジタル会員証の役割も担う。デジタルでの所有はまさに資産革命といえる。（第２節）

　Web3には、強制されない「共創」の思想がある。この自由な共創がナラティブを生み出す土壌となる。魅力的なナラティブが人を惹きつけ、強いコミュニティを形成する。（第３節）

　共創×ナラティブを持つ強いコミュニティに経済的インセンティブが加わると成長が加速し、持続力が増す。Web3コミュニティのインセンティブは、トークンや経済的価値を期待できるNFTなどブロックチェー

ン技術で実現できる。共創×ナラティブ×経済的インセンティブがうまくハマったWeb3コミュニティは、企業には真似できない熱量を持ち、大きな可能性を秘めている。（第4節）

▶図表3-6　第3章のまとめ

ブロックチェーン	コミュニティ
高い透明性や証明	心理的安全性を高め、安心して活動できるコミュニティの基盤を作る
デジタルデータの所有	同じトークンを持つ、濃い繋がりを持つコミュニティを形成する
共創の思想	自由なナラティブを生み出す
許可が不要	ナラティブに人が集まる
経済的インセンティブ	ナラティブの持続力と熱量が高まる

第 **4** 章

シン・コミュニティマーケティングの実践

ハヤシ｜CNP出版部

シン・コミュニティ マーケティング入門
新時代の顧客戦略

ここ1、2年の間で、世界に名だたる企業が有名NFTプロジェクトを対象に提携や買収を行っている。具体的には、アディダスとベイシー・ステップン、アシックスとステップン、ナイキとアーティファクトのような提携例が挙げられる。日本では、2024年10月現在で、例えば、CryptoNinja Partners（CNP）が国内企業4社および2つのコミュニティとスポンサー契約を結んでいる。内訳はKDDI、電算システム、ハゴロモ、時事通信出版局、JAPANDAO、CryptoNinja Gamesであり、KDDIのような大企業が含まれていることは注目に値する。

本書では、このように企業等がWeb3コミュニティとともに行う新時代のマーケティング活動を、「シン・コミュニティマーケティング」と呼ぶことにする。

● Jリーグのコミュニティマーケティング

企業が参加した旧来型のコミュニティマーケティングは、30年以上前からJリーグのチームで行われてきた。コミュニティマーケティングは、他のコミュニティとの差別化を図り、コミュニティがパートナーの企業とともに商品やサービスなどを宣伝・売り込みするものである。Jリーグの例で言えば、企業であるクラブチームはお金をかけて終わりではなく、地域コミュニティと時間をかけてコミュニケーションをとり、信頼関係を築いてきた。そして、ホームタウンの活性化につながるように活動している。

ここでは、浦和レッズ（企業）とさいたま市（コミュニティ）を例に

挙げて紹介してみよう。浦和レッズは、さいたま市の南部をホームタウンとしているJリーグのサッカーチームである。

浦和レッズは、さいたま市が課題とする「地域の活力」「教育」などの価値の提供を活動方針にして、地域イベントやお祭りなどへの参加をはじめ、スポーツまちづくりへの協力、スポーツを通じた子どもたちの健全な発育や子ども食堂への支援を行うことで、より暮らしやすい街づくりに貢献している。こうした地域活動を基盤として、ファンを増やす取り組みを積極的に行っているのだ。

このようなコミュニティマーケティング活動が地元に根強いファンを生み、埼玉スタジアムを満席に埋めるほどの動員力につながっている。動員力と根強いファンの獲得は、チケットとグッズの売り上げ増加により、浦和レッズの増収につながっている。こうして資金力をアップさせた結果、日本一の動員力を誇るサッカークラブや日本サッカー界のドル箱のような存在になり、Jリーグ制覇やアジアのクラブチームNO1という称号を得るまでになった。かつては「Jリーグのお荷物」と言われた浦和レッズがコミュニティマーケティング活動を通して、ブランド価値向上を成し遂げた。

●大切なのはベクトルの一致

これは企業がコミュニティと活動ベクトルを一致させて、コミュニティの諸問題の解決を支援し、企業がコミュニティに受け入れられてブランド価値向上を実現した一つの好事例である。

シン・コミュニティマーケティングの核となるエッセンスはこのように昔から潜んでいて、ブロックチェーンという技術の普及に伴い、ここにきて大きなうねりへと進化しようとしているのである。

企業は、Web3コミュニティと活動方針を合わせ、新たな活動への資金確保の援助やノウハウの提供を行うことで、コミュニティ経由で顧客を獲得できる。

ここで重要になるのが、コミュニティのビジョンを理解して、企業活動のベクトルをコミュニティに合わせることである。そのために企業のマーケティング担当者であるあなたには、実際にコミュニティに入って、コミュニティメンバーと交流してビジョンや価値観を理解することを強く勧める。その上で企業とコミュニティの橋渡し役になり、企業の活動ベクトルがコミュニティの方向性とずれていないか確認するべきである。こうした作業を続けることで、両者が車のエンジンとギアの関係のようにしっかりと連動して、動けるようになるのが理想的である。

●KDDIと提携したCNPトレカ事業

　ここで、企業とWeb3コミュニティの提携例として、CNPトレカ事業を紹介する。（図表4－1）

　CNPトレカα版は、KDDI側から、2024年3月に行われる同社の「αUmarket」1周年記念イベントに際し、会場配布用のトレカを製作したいという相談があって実現した。これが大成功して、CNPを知らない層にも衝撃的な印象を与えて認知度を高められた。

　その成功をきっかけに、CNPはトレカ事業化のためにモノリス株式会社を設立。KDDIと提携して事業を進めることになった。コミュニティ

・ mini 解説 ・

●αU、αUmarket

　αU（アルファユー）とはKDDIのメタバース・Web3サービスプラットフォームである。「現実と仮想を軽やかに行き来する新しい世代に寄り添い、誰もがクリエイターになりうる世界に向けたサービス」と位置付けられている。αUではライブ配信やバーチャルショッピングを楽しめることに加えて、アバターやマイルームの制作、マイルームの家具の販売など、ユーザーがクリエイターになる体験ができる。

　αUmarketはNFTになじみのない人でも簡単に楽しめるNFTマーケットプレイスである。ここではクレジットカードなど法定通貨でNFTの購入ができるのが特長だ。さらにクリエイター支援の取り組みとして、国内外のパートナーと連携し、日本のクリエイターやコンテンツのグローバル展開をサポートしている。CNPトレカもその一つで、KDDIと提携を結んでいる。

トークンを購入することでプロジェクトを応援できるプラットフォームのフィナンシェ内に、CNPトレカコミュニティを立ち上げて資金を確保した。

　今や、CNPトレカと言えばKDDIという印象が定着した感がある。そのプラットフォームの中で、コミュニティ運営側が定期的に情報発信をして、コミュニティメンバーと意見交換や交流をしている。これから

・　mini 解説　・

●**モノリス**

　ブロックチェーン技術を活用したデジタル資産やトレーディングカードゲームの開発、製造、販売を行っている。CNPアートトレカβ版の販売やCNPトレカパス販売を行い、両方とも完売。2024年12月に販売される製品版トレカに期待が集まっている。

●**CNPトレカ**

　CNPトレカは本格的な競技トレカの面があることはもちろん、ブロックチェーン技術を活用した、希少性証明付きの物理的なトレカとして提供される。今までのトレカと違うのは、ブロックチェーン技術を活用してカードの希少性や所有権が保証され、トレカファン（プレイヤー、コレクター）に新しい体験も提供される点である。

CNPトレカの続編を製作することが発表され、購入希望する声がCNPコミュニティで多く上がっている。

　上記のように、企業はコミュニティのビジョンと利益を理解して、自社の活動のベクトルを合わせなければいけない。そしてコミュニティに踏み込んで、活動を続けていくことが肝要だ。

02 CRMからCoRMへ
Web3時代における
顧客関係管理の進化形

NFTのマーケットプレイスのトップだったOpenSeaがその座を追われたことは、2024年のNFT業界のビッグニュースと言っても過言ではないだろう。

OpenSeaとはNFTを売買できるプラットフォームである。分かりやすく言うと、NFT版のメルカリみたいなものである。この出来事は、従来のCRM（Customer Relationship Management）ではなくCoRM（Community Relationship Management）の重要性をインパクトをもって示した事例の一つと言える。

専門用語の説明をしよう。CRMとは顧客関係管理と訳されるマーケティングの手法で、顧客と良好な関係を構築・維持していくものだ。例えば、見込み顧客をナーチャリング（顧客育成）して購買へ誘導したり、初回購入した顧客をリピーター化したりするために、メール配信などで顧客を継続的にフォローするものである。そして、CoRMとはCRMで顧客に行っていたことを、コミュニティを対象に行うものである。CRMと異なるのは、買う側と売る側のような関係だけでなく、一緒にビジネスをするパートナーという関係を良好に構築・維持していく点である。

●コミュニティの価値観を理解しているか

冒頭の出来事は、OpenSeaがこれまで取ってきた方針を突如として転換し、クリエイターフィーを無くすという行動に出たことがきっかけだった。クリエイターフィーとは、NFTが2次売買される時にクリエイ

ターに支払われるお金のことである。ここで、多くのWeb3コミュニティがOpenSeaから離れる動きをとった。なぜこの動きが出てきたかというと、Web3コミュニティではクリエイターをリスペクトするのが大切な文化であり、クリエイターを支援するためにロイヤリティを確保するコミュニティがほとんどだったからである。

　この結果、OpenSeaから、数多くのプロジェクトがMagic Edenに移った。なぜMagic Edenだったか、それはCNPをはじめとするWeb3コミュニティに向けて、クリエイターアライアンスプロジェクトを立ち上げ、クリエイターがNFT売買収入を得られ続けるようにしたからである。この措置がCNPや国内外のWeb3コミュニティを味方にした。ここから、Magic Edenが国内外の多くのプロジェクトのNFTを取り扱うマーケットプレイスのトップにのし上がったのである。

　このように、企業はコミュニティの価値観を理解してマーケティングをすれば、コミュニティに紐づく多くの人達をごっそり顧客としても支援者としても迎えることができる。さらに、コミュニティをパートナー化することで顧客を増やすことができる。業績を上げて、従来の業

• mini 解説 •

● クリエイターフィー

　１次販売の購入者が２次販売する際の手数料。１次購入者に入る収益から数％分が作者の収益になる。

　CNPプロジェクトはNFTなどを製作したクリエイターを応援する方針なので、クリエイターフィーを撤廃するOpenSeaからクリエイターフィーを存続させるMagic Edenにマーケットプレイスを移した。

● OpenSea、Magic Eden

　両者とも、NFTのマーケットプレイスである。マーケットプレイスとはインターネット上にある電子市場である。売り手と買い手が自由に参加して個人間での取引ができる。メルカリやヤフオクとの違いは商品と支払い方法である。具体的には、NFTマーケットプレイスはNFTのみ取り扱っていて、支払いは暗号通貨が一般的になっている。日本円での支払いに対応するNFTマーケットプレイスは一部に限られる。

界の勢力図を覆し、業界の新たな主役になることも可能である。Magic
Edenの大きな成果を見ると、他の業界でも同様の事例が起きることを
期待せずにいられない。

● Web2コミュニティとの違い

　従来のWeb2コミュニティならば、強い力を持つ者が中央集権的な
ルールを定めていた。だから、一時世界シェアトップだったOpenSea
は、Web2の世界であればそのまま君臨していただろう。しかしそれが
覆された。それはなぜか？　コミュニティ側が中央に縛られずに動ける
というWeb3の特徴があるからだ。Web2とWeb3の違いは「中央集権型
か自律分散型か」にある。

　Web2のコミュニティであれば、AmazonのKindleサービスを具体例に
説明すると分かりやすいだろう。あるサービスユーザーのアカウントが
規約に違反して抹消されれば、今まで購入した本も読めなくなってしま
う。また別の例として、noteのブログサービスでも同じようなことが言
える。noteを運営する会社の意図に反する行動をとると、今まで執筆し
た作品が削除されてしまう。ここに従来のWeb2が中央集権型であるこ
とが分かる。

　一方でWeb3は、前に述べたようにコミュニティの考えに合わないプ
ラットフォームから抜け出して、コミュニティの考えに合うプラット
フォームや環境を自由に選ぶことができる。個人は自由にコミュニ
ティの形成・解散と参加・離脱ができる。コミュニティ自体もプラット
フォームなどの活動する場を変えることができる。

　それを可能にしているのが、コミュニティの団結力である。CNPのコ
ミュニティを例に挙げると分かりやすいと思う。クローズドSNSに集っ
ているので興味関心が一致していて、さらにNFTを通じて経済的価値を
共有している。考え方が似ていて、経済的価値を分け合っていれば、違
う行動をとる方が難しい。そしてブロックチェーンにより、取引が記録

に残り、いつでも正確な取引情報が閲覧できる。そこからメンバーを信頼に足る人かどうかを確認することができる。その結果、CNPコミュニティは自分たちの信条を大切にして、CNPのブランド価値を高める活動ができている。

これまで述べたように、Web3では、コミュニティが信条を貫いて活動するためのメンバー集めや活動場所選びを制約なしにできる。これは従来のWeb2とは決定的に違うところである。

●大切なのは活動方針のすり合わせ

このように、Web2コミュニティとWeb3コミュニティには大きな違いがあり、したがって企業がマーケティングに活用する方法も異なってくる。ここからは、企業がWeb3コミュニティに上手に関わる方法を具体的に考えてみよう。

これからのWeb3コミュニティとの関係構築のやり方次第で、あなたの企業が業界内で浮上するきっかけになるかもしれない。

Web3コミュニティでは、内部で販売と購入が循環している。最低でも、コミュニティ内でクリエイターが製作した商品を販売し、メンバーが購入するという需要と供給が生み出せる。あなたの企業がこのような経済圏を築くことができる。

そして、取り組み次第では、より多くのクリエイターや新規メンバー、コミュニティ外のメンバーを増やして、コミュニティ経済圏を大きく広げられる。CNPがまずNFTの販売から始め、今ではトレカで新しい消費者を増やしているようにである。

コミュニティに対しては、深くアプローチする必要がある。表面的な関係構築ではなく、コミュニティのビジョンや経済的価値を理解するべきである。ここでの経済的価値とは、そこで生み出されたNFTやクリエイターの作品が持つ価値である。コミュニティとの活動で、ビジョンや価値観を一致させる。このすり合わせの過程は、前にも述べたが、シ

ン・コミュニティマーケティングでは何よりも重要である。

そのために、あなたは自社とコミュニティとの橋渡し役を担い、自社の企業活動がコミュニティのビジョンや価値観とずれていないか確認する必要がある。そうでないと、コミュニティ内のメンバーの協力を得られず、魅力的な商品やサービスを提供できず、コミュニティとの関係が悪化して目も当てられない結果になってしまうだろう。

くどいようだが、コミュニティとの活動方針のすり合わせは大切にするべきである。そうしてWeb3コミュニティとの信頼関係が築け、理解と協力を得られれば、前述のMagic Edenが起こしたマーケットプレイスの劇的な拡大のような素晴らしい成果を出せる。

●コミュニティが経済活動の主体に

これからは、インフルエンサーとフォロワーではなく、コミュニティとそのステークホルダーであるコミュニティメンバーがWebを舞台とした経済活動の中心になる。消費者から見て信頼できるコミュニティメンバーの口コミや発信は、既に購買判断に大きな影響を与えている。こうした現状から、コミュニティを中心とする経済が加速してくることは容易に想像できる。

それは、次のような形で加速する。前節で述べたように、コミュニティメンバーを含む消費者が、あるコミュニティ内の口コミを信頼して、商品を購入するようになる。そうしたコミュニティの規模が大きくなると、それにつれて消費者となる人の数が増えていく。そこに企業も加わり、やがて一つの大きな経済圏になる。例えば、NinjaDAOではメンバーが即売会に出された商品やそこに関わる企業の商品を好きになって購入し、コミュニティ外の人にも販促する。そうした活動を通じて、外部の人もコミュニティに興味を持ちメンバーになる。そして、企業にもこのような動きが注目され、パートナーやスポンサーになる企業が増える。このような循環がコンスタントに続いていくわけだ。

こうして、コミュニティが経済活動の主体の一つになり、経済活動を盛り上げる中心的な地位を獲得することになる。そうなると、いよいよシン・コミュニティマーケティングの神髄でもある「企業にとってコミュニティが単なる顧客からパートナーへと変貌する新しいマーケティング」が一般化すると考えられる。

マーケティング予算の再配分
広告からコミュニティとの
関係構築へシフト

Nike、Coca-Colaなど世界の名だたる企業が、コミュニティのNFTを購入したり、スポンサー契約を結んだりして、広告費の一部をコミュニティとの関係構築に振り向けている。そして、日本でこの動きをいち早く取り入れたのがCNPの企業スポンサーである。2024年10月現在で4社と2つのコミュニティがCNPのスポンサーになっている。

●トレカと絵本の共同事業

スポンサー企業とCNPの共同事業を2つ紹介する。

まずはCNPトレカ事業である。この事業は、本格的な競技トレカであることはもちろん、ブロックチェーン技術を活用した、希少性証明付きのトレカとして提供するものである。当初製作されたCNPトレカα版はαU 1周年記念イベントの配布物として作られた。配布後に受取り希望者が殺到して入手困難なものになり、その結果、CNPのブランド価値を高めることになった。さらにKDDIは、CNPコミュニティのメンバーからCNPトレカのきっかけとなった会社として認知されるようになった。

この出来事をきっかけに、本格的にCNPトレカ事業を行うモノリス株式会社が2024年5月に設立された。KDDIは提携する形で同社と協力関係にある。今後CNPトレカは製品版の発売が2024年の12月に控えており、ファンの期待が高まっている。

次に、株式会社ハゴロモが行っているCNP絵本事業である。これはCNPをまだ知らない子どもたちを対象にして、NinjaDAOの外の世界にCNPを広げる絵本の企画である。資金確保のため、2024年9月にクラウ

ドファンディングを行った。値段別の支援コースがあり、それぞれの値段ごとに特典が設けられている。4つの支援コースうち、口数に制限のある3つのコースが完売している状態である。ここから、この事業にファンが大きな期待を寄せていることが分かる。（図表4－2a・b）

　ハゴロモはCNPコミュニティからの認知・評価が高まり、絵本を通してコミュニティ外の消費者からの認知拡大も見込める。絵本からハゴロモとCNPを認知してファンになる人が増えれば、ハゴロモとCNPのブラ

▶図表4-2a　CNP絵本のカバー

▶図表4-2b　スポンサー募集の告知画面

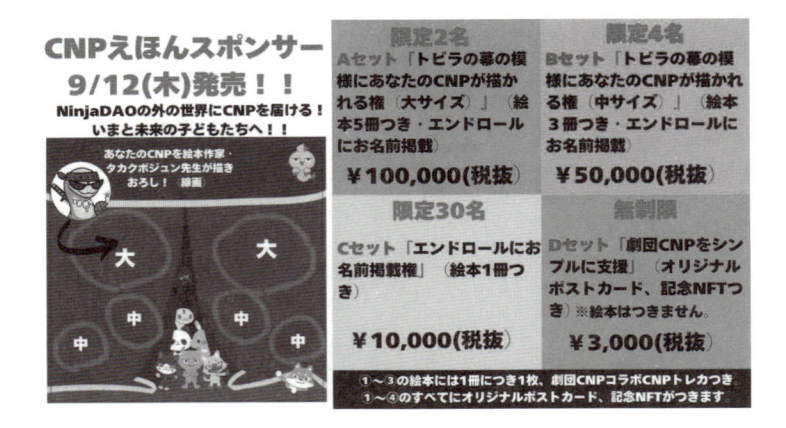

ンド価値向上につながる。さらに、ハゴロモとCNPとの共同事業にも注目が集まっている。

　このように、コミュニティとの関係構築に予算を振り向けて、成功した事例が出てきている。ここまで読み進めてくると、あなたの会社もコミュニティとの連携に取り組むことで、会社のブランド価値を向上させられるのではないかという希望を抱きたくなるだろう。その希望をさらに強くするために、コミュニティのポテンシャルを語っておこう。

●CNPのポテンシャル

　ここでは、CNPコミュニティを例として挙げていく。CNPコミュニティを取り上げるのは、NFTの発行枚数2万2222枚で時価総額32億円（2024年11月現在）に上る日本一のプロジェクトであるとともに、素晴らしい成功事例があること、そして誰もが知る大企業までも既に巻き込めていることがあるからだ。

　そのポテンシャルとは「ビジョンと経済的価値を共有できていること」、「発信力」と「挑戦への寛容さ」である。

　まずは「ビジョンと経済的価値を共有できている」ことにより、コミュニティリーダーとメンバーがビジョンや経済的価値を大切にして行動できることである。団結力が強く、多くの人が同じ目標に向かって行動できる。それは規模が大きければ大きいほど、人々の消費行動に変化を与える程度が大きくなる。

　次に「発信力」である。CNPコミュニティには、Xのフォロワーが1万人を超えるインフルエンサーが何人もいて、ブログやXなどで自発的に発信を行っている。多くのコミュニティメンバーがおのおので発信や普及活動を行い、CNPの認知を広げる活動をしている。それにより、イベントのたびごとにXのトレンドに上がっている。

　最後に、「挑戦への寛容さ」が挙げられる。CNPコミュニティは挑戦する人に対して温かいコミュニティである。その土壌や風土があるた

め、次々とCNPの盛り上げ企画や普及活動が行われている。具体的には、CNPでキャラ弁を作りSNSに投稿することや身近な人にCNPを広める活動、CNPキャラを使った歯磨き歌動画などいろいろ行われている。この挑戦への寛容さがコミュニティの活気となり、CNPの現在の実績と期待につながっている。

　今後も、多くのコミュニティが生まれ、自然淘汰が行われてしっかりとしたコミュニティが残っていくだろう。

●既存コミュニティへの協力が現実的

　広告効果が薄れつつあり、広告が悪者にされてしまうシーンが増えている昨今、消費者の購買行動を左右する重要な要素は、「口コミ」である。売ろうという企業の意図が見え見えな広告よりも、自分と同じ思考を持った人達の口コミを信じた方が、購入した時の後悔が少ないと感じる人が多いからである。私自身もこのように行動する。あなたもそうではないだろうか。

　これから企業がコミュニティに期待することは、自社商品の消費者になってもらうことではなく、自社商品のファンを増やすためのパートナーとしての役割である。これについても、CNPトレカ事業が好事例として挙げられる。前述したように、CNPトレカは配布後に手に入れることが困難になった。その背景として、コミュニティメンバーの配布前の発信により期待値が高くなったことが挙げられる。配布後もトレカを通じての感想が発信された。その結果、全くの新規の人も新しいファンにすることができたのである。

　ここで、大きな課題として、現段階では投資できるWeb3コミュニティがまだまだ少ないことがある。企業は自らWeb3コミュニティを作るか、既存のWeb3コミュニティに参加してともにコミュニティを拡大するという選択肢がある。

　企業がWeb3コミュニティをゼロから構築することは、現実的に難し

い場合が多い。企業発のコミュニティだと、顧客がコミュニティメンバーになる傾向がある。そうなると、ブランドイメージを守るためにコミュニティ内への対処が必要になり、社員がコミュニティのルール作りや顧客への対応をしなければならなくなる。そのため、コミュニティ独自の文化形成や新たな価値の創造が難しくなる。

　違う側面から言うと、コミュニティメンバーが匿名で経歴も分からないようでは、そもそも会社内でコミュニティ立ち上げの許可や承認を得るのが難しい。たとえ承認を得られても、ゼロベースから、企業が新たに活動方針などを作って、民度の高いコミュニティを作るのは難しい。

　そのため、企業は既存コミュニティの拡大に協力して、ファンを増やしつつ企業活動をしていくべきだ。

エンゲージメントとロイヤルティの深化
コミュニティ参加を通じたブランド価値の向上

　2022年、NFTが日本でも少しずつ認知を拡大しつつあったころ、一般にも有名なIP（知的財産）を使ったNFTが一時期流行したものの、それが続くことがなく、現在ではほとんど聞くことがなくなってしまった。

　ここから、有名なIPを使ってもコミュニティがないとNFTプロジェクトを継続するのは難しい、ということが分かる。しかし、コミュニティがあれば継続的に企画やイベントなどが行われて、活気や実績が作りやすい。CNPはその活気があることによって、安易に著名IPを使っただけのNFTブームが去った後も元気なプロジェクトである。

●連携のメリット

　そこで、あなたがWeb3コミュニティを選ぶ際に基準としてほしいのが、「挑戦を応援する文化があるか」と「ファウンダーやメンバーが活動しているか」である。ファウンダーとはWeb3コミュニティやプロジェクトの創設者である。この基準をもっと分かりやすく言うと、「挑戦を応援する活発なコミュニティか、そうでないか」である。この基準で選ぶと、Web3コミュニティの中で、あなたの会社のブランドの向上につながるところが選べる。なぜなら、常に新しい価値を生み出そうと活動しているコミュニティであれば、挑戦を応援できる環境が整っているからである。コミュニティの方針を理解し動いてくれる企業であれば、パートナーとして一緒に活動することは自然だからである。

　近年、広告効果が薄まっているのと同様に、これまでバブル状態にあったインフルエンサーたちによるマーケティングも飽和してしまい、

勢いは薄れつつある。そこで、Web3コミュニティの発信力と活気に期待の矢印が向いている。特に、第３節で述べたCNPコミュニティはその最たるものである。これから、CNPやLLACなどの有名プロジェクトを中心に、ますますコミュニティの影響力は高まるだろう。そして経済活動の主体の一つとなる日は遅かれ早かれ数年後には必ずくる。

　本章を執筆するに当たり、第３節で紹介したCNP絵本事業を展開している株式会社ハゴロモに、アンケートさせていただいた。そこでは、コミュニティとの連携の意義について、コミュニティ内の人材交流により新たな事業が生まれること、そして新たな事業をコミュニティのバックアップを受けながら進められることが挙げられていた。さらに、「Web3コミュニティのファウンダーと関わりを持ち、その人からビジネスの仕方や考え方に触れることができる。そして、熱量の高く素晴らしい能力を持ったコミュニティメンバーと未体験の仕事を経験することができる」ことに、大いにメリットを感じているとのことだった。

●ブランド価値をコミュニティとともに

　コミュニティのビジョンや経済的価値に、企業がベクトルを合わせて連携、参加することで、ともにブランド価値を高めるパートナーを得られることに期待が集まっている。そのためには、マーケティング担当のあなたがWeb3コミュニティ内に入るのと同時に、Web3コミュニティの中心メンバーがあなたの会社のWeb3コミュニティに参加するのが理想的である。コミュニティの中心メンバーとあなたがスペースで対談したり、コミュニティ主催のイベントに相互に参加したりするべきだ。このようにメンバーと交流して、ビジョンや価値観を互いに理解することでコミュニティとの結びつきを強めて、素晴らしい商品や実績を作る基礎ができる。そしてブランド価値の向上のきっかけにもなる。

　「Web3ではあなたはブランドの一部になることができる」という言葉がある。この「あなた」には、本を読んでいただいているあなたの企業

も含まれる。Web3コミュニティとの協業によるブランドの価値向上の可能性を感じてもらえただろう。そうならば、実際にWeb3コミュニティを体験してみてほしい。

　本章をまとめておく。
　コミュニティマーケティングで実績を上げていくためには、企業がコミュニティのビジョンと経済的価値を理解して、自社の活動のベクトルを合わせること。そしてコミュニティと対話をして、活動を続けていくべきである。（第1節）
　企業は、Web3が自律分散型に展開されることを理解しつつコミュニティとの信頼関係を築くことで、業界の勢力図を変えることも成し遂げられる。定期的に、あなたの会社の企業活動がコミュニティのビジョンとずれていないか、確認する必要がある。（第2節）
　企業がコミュニティとの関係構築に予算を振り向けて、成功する事例ができている。ポテンシャルのあるコミュニティが出てきて、企業と歩調を合わせていくことで、さらに多くの成功事例が出てくるだろう。（第3節）
　「挑戦を応援する活動方針がある」と「活動が活発」という基準でコミュニティを選ぶ。企業とコミュニティが良さを出していくことで、素晴らしい商品や実績を作れる。お互いのブランド価値の向上につながる。（第4節）

　最後に、あなたの企業と相性の良いコミュニティが見つかるように願って、本章を締めくくる。

第 5 章

シン・コミュニティ マーケティングの パイオニアに聴く！

インタビュー・文　sotaro｜CNP出版部

interview1　NinjaDAO、CryptoNinjaファウンダー　イケハヤ氏
interview2　LLACファウンダー　しゅうへい氏

　　最終章は、日本のコミュニティマーケティングの最前線で活躍する2人にご登場いただく。

　　ここまで読み進めていただいた方は、コミュニティを味方につけたマーケティングの有用さを、おぼろげながらでも想像できるようになっていることだろう。そのつかみかけたイメージをより手触り感のある形に、さらに今日からのマーケティングのヒントにしてもらいたい。

　　2人のインタビューには、本書で一貫して述べて来たことの本質が詰まっている。つまり、これが「シン・コミュニティマーケティング」なのである。

NinjaDAO、CryptoNinjaファウンダー

イケダハヤト （通称：イケハヤ）

PROFILE

1986年生まれ。早稲田大学卒業後、大手企業を経て独立し、高知県に移住。副業や資産運用の専門家として、ブログやSNSで実践的なアドバイスを発信。初心者向け情報に定評があり、毒舌とユーモアを交えたスタイルで人気。近年はオンラインサロン運営の傍ら、Web3型コミュニティのNinja DAOを主宰し、日本でブームの先駆けとなったNFTプロジェクトCrypto Ninjaを生み出した。

　2024年1月、1トークン1円で発売したFiNANCiE（フィナンシェ）のCNGトークンが一時1000倍を超える価値をつけたのは記憶に新しい。鮮やかなマーケティングで次々に実績を積み重ねるイケハヤ氏。その手法は、強固なコミュニティを基盤にイノベーティブな施策を効果的に繰り出すことが特徴と言えるだろう。その斬新な手法と突出した成果は、世間にはまるで錬金術かのようにも映っているのではないだろうか。

　そんなイケハヤ氏が見据える、これからのコミュニティマーケティングの可能性とは!?

「インターネットで見ず知らずの誰かとつながって、応援をしたり何かを進めたり、っていうのはすごい可能性がある領域」

—イケハヤさんといえばブログとかYouTubeとかオンラインサロンとか、IPではCryptoNinjaとか、もう本当に多種多様なことされていますよね。

イケハヤ　はいはい。

—それで、今、打たれている手は、どれもコミュニティを基盤にマーケティングされているようにお見受けしますが、そのスタイルを意識されたのはいつ頃からでしょうか？

イケハヤ　そうですね。僕はもともとのキャリアで言うと、14年ぐらい前からデジタルマーケティングやSNSマーケティングの支援をしていました。SNSコンサルみたいな仕事をしていたんですよね。

—はい。

イケハヤ　その一方で、個人活動ではブログとかいろいろやってましたね。振り返って「デジタルコミュニティって面白いな」というのを意識し始めたのは、もうかなりガッと戻っちゃうんですけど、オンラインサロンが出てきたあたりで。そこで感動したんですよね。

—そうなんですね。

イケハヤ　僕の知人のブロガーで、もう今は活動されてないんですけど、同世代の女性ブロガーでMGさんという方がいらっしゃって、めちゃくちゃ面白いブログをたくさん書かれていたんですね。で、その方が（オンライン決済サービスの）ペイパルを使って、自分のオンラインサロン……とはまだ彼女は言ってなかったと思うんですけど、「自分の有料の読者コミュニティを作ります」ってブログでメンバーを募集してたんです。

　で、ご多分に漏れず当時も「そんなものは宗教だ」と炎上もしていましたね。僕の記憶が正しければそれで毎月、MGさんのファンの方が1人1000円で100人とか200人とかが課金をして、限定的なグループに入っていて。僕ももちろん、知人のブロガーだったので、面白いチャレンジだなということで、月1000円払って。

—はい。

イケハヤ　あれはだから2009年とかの話なんですよね。15年ぐらい前で、まだオンラインサロンって言葉がない時代に、実は結構、原体験みたいなもので。こうやって1人1000円でも月額でお金を集めることによって、クリエイターの人がちゃんと創作活動が継続できるんだなあ、と。

　で、またそのコミュニティって確かに楽しかったんですよ。今はもうなくなっちゃったんですけど、ユーザー同士で交流をしながら「なんかイベントを企画しようか！」みたいな話が出てきて。本当にオンラインサロンの原型みたいなものがありましたね。

—うんうん。

イケハヤ　そこからオンラインサロンは産業として一定程度成長して。

特にキングコングの西野（亮廣）さんとか堀江（貴文）さんとかが立役者だと思いますが、サロンメンバーになって何かを仕掛けていく。一緒にこう何かをやっていくみたいな。歴史的に言うとそれがきっかけですよ。本当にオンラインサロンの黎明期みたいなところで、見ず知らずの人たちがインターネットで集って、しかもお金まで払って何かをしていて。で、実際に何かが生まれていくっていうのは2010年代に結構見ていましたね。

―すごいですね。

イケハヤ　で、もちろんその限界、難しさっていうのも、自分でもオンラインサロンをたくさんやったんで感じながら。でもやっぱりデジタルコミュニティってすごく面白いことが生まれていくんだろうなっていうのはね、この2010年代にすごく考えていろいろ仕掛けていたので。やってはうまくいかなくてみたいなものを含めて、たくさん経験してきたんで、結構だから長いですね。はい。

―なるほど。2009年とか2010年っていうと、まだサブスクっていう概念もないですよね。

イケハヤ　ないです。そう、ないんですよ。決済手段がなかったのを覚えてます。ペイパルの月額が確かにギリギリ導入されたくらいなんですよね。そう、ペイパルしかなかったのを覚えてますね。

―勝ち筋みたいなものは、この時にもう見えていた感じはあるんですか？

イケハヤ　どうなんでしょうね。まあでもオンラインサロンっていうもの自体は、既に当たり前になっている有料のファンクラブみたいなもので。個々のクリエイターがファンクラブみたいなものを作っていく未来っていうのは、その当時を体験してみると「これは絶対ワークするな」とは思ってましたね。

—有料のファンクラブってすごく分かりやすいですね。やり取りとかコミュニケーションがくっついたみたいなイメージでしょうか？

イケハヤ　そうそうそう。もう2009年、2010年のインターネットはまだプアな状況ですけど、それでも参加して楽しかったのをよく覚えてます。
　まあ、こういうものは一般化していくんだろうな、みたいなね。人々がインターネットで見ず知らずの誰かとつながって、応援をしたりとか何かを進めていったり、っていうのはすごい可能性がある領域で。それは企業というか、どっちかというと個人が集団で何かを仕掛けていくようなことが出てくるんだろうな、みたいなことを2011年くらいによく語ってましたね、仲間たちと。

「熱いコミュニティがあると、全くの更地の荒野であっても、一夜にして街が生まれていく。そういったイメージを持っています」

—話はグーッと最近のことになるんですが、例えばCNGトークンの場合、初期サポーターの購入価格が1000円で、一時的にですけれど価値が100万円を超えたりすることがあったじゃないですか。それ以前にも似たようなことはたくさんあったと思うんですよね。特にイケハヤさんが

▶ キャラクターブランドCryptoNinja

主体もしくは関わるプロジェクトでは。

イケハヤ　はい（笑）。

―でも、コミュニティ外の人たちから見ると、もう常識では考えられないようなことが起こってると思うんです。ゼロから価値を生み出すというか、錬金術のようにも見えちゃうと思うんですけれど。これを実現するのって、どんなことがポイントなんでしょうか？

イケハヤ　もう、まさにそれがコミュニティなんだと思います。そういう熱量、あるいはあえて財力とでも言いましょうか、のあるコミュニティ、みんながお金をちゃんと動かすようなコミュニティがあるから、我々は本当にゼロから新しい価値というのを実際に生み出すことができているんですよね。

―コミュニティ！

イケハヤ　そうです。もちろんコミュニティってのがすごく大事で。僕らはそれを知っているので、すごく力を入れて日々コミュニティを運営していますし。

　良いコミュニティ、素晴らしいコミュニティを持っていると、要するに新規市場の創造がめちゃくちゃやりやすくなるんですよね。自分一人で戦っていく、一人で何もない荒野に行って耕しても、多分なかなか物事って進まない。けれども、熱いコミュニティ、熱量のあるコミュニティがあると、そこが全くの更地の荒野であっても、そこに500人とか1000人の人たちがいろんな道具を持ってきて、一夜にして街が生まれていく、みたいな。そういったイメージを持っています。

（……スゴイ）

イケハヤ　世の中、つまり資本主義市場って、荒野みたいな場所、まだ誰も何も耕していないような場所って結構あって。頑張って耕したら良い市場ができるけれども、ちょっとやる人がいないよね、みたいなところに僕らはコミュニティを持っている。それこそWeb3なんて本当に荒野しかないみたいな場所ですけど、そういった場所にコミュニティを作ってみんなで乗り込んでいって、小さな村から始まって街を作って……みたいなことをやっていて。

―スゴイ熱量ですよね。

イケハヤ　新規市場の創造というのは、やっぱりコミュニティがものすごく効いてくる部分なんです。ご質問に答えると、まさにコミュニティ運営があるから、コミュニティをちゃんとやってるから、そうやって本当に何も知らない人から見たら、よく分からない錬金術みたいなことが

発生している、というところなのかなと思いますね。

―なるほど。ところで、イケハヤさんのコミュニティって、イケハヤさんから見るとどんな方が多いですか？　特徴みたいなものはありますか？

イケハヤ　すごくいい質問で、コミュニティっていっても有象無象の人たちをただ集めればいいわけでもなくて、むしろ集める人をこちらから選んでいく、人をちゃんと選択して集めていくっていう作業が当然必要ですよね。

　という前提で言うと、僕らのコミュニティは、テクノロジーの部分でNFTだったりWeb3だったりっていうのを最初の切り口で集めてるので、当然すごく好奇心旺盛な人が多いですね。そして、リスクテイカーの志向がすごくある。あと、そういった周りの人が理解してくれないものを、理解して、やってるっていうので結構個人主義的というか。誰かと

▶CryptoNinjaのコミュニティNinja DAO

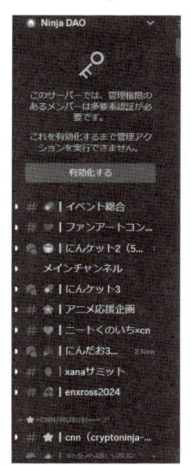

慣れ合ったりというよりは、自分一人の判断で行動していくっていう非常に前向きな志向を持っている方々だったりしますね。

―なるほど。

イケハヤ　もうちょっと生々しい属性値で言うと、やっぱりNFTとか仮想通貨みたいなものが絡んでいるところから始まっているんで、変な話、お金持ってる人たちが結構います。

　年齢層で言うと、僕らは30代40代がすごく多くて、お子さんを育ててる方もすごく多いですね。なので、パパ・ママ視点みたいなものもコミュニティの中に入っていて、すごく温かいコミュニティになっています。子どものことをしっかり考えられるようなコミュニティになっているのも特徴的ですね。

―好奇心旺盛で新しいことに前向きに飛び込むっていう人たちだからお金を持っている、みたいな考え方もできそうですね。

イケハヤ　そういう人たちがリスクを冒して、何か財をなしていって。そういう方々もNinjaDAOにはやっぱり多くいらっしゃる印象はありますね。

「新規事業の立ち上げパートナー的な形で
関わらせていただけると、我々としては
すごくやりやすいのかなと思ったりしますね」

―全く別の質問をさせていただきます。いま、NinjaDAOとかCNPとかLLACとかの有力なコミュニティがありますよね。もしイケハヤさんが

企業のマーケティング担当者だとしたら、そういうところと、どんな取り組みをしたら面白いと思いますか？

イケハヤ そうですね、やっぱり新規事業なんじゃないでしょうかね。既存の消費財メーカーでもコンサルティング企業でも何でもいいんですけど、既存の商品やサービスとうまくつなげてやるとなると、やっぱりいろいろとしがらみもあるし、自由度も小さくなってしまって。そうなると、コミュニティの方々を巻き込むっていう時の巻き込み余地がすごく少なくなってしまいますよね。

―想像がつきます。

イケハヤ 何かやるんだったら、その会社として「じゃあ新しい事業を起こしていこう」だったり、あるいは立ち上がったばかりの事業があったりする時でしょうね。そういう時に、外部のコミュニティの人たちと一緒にその新規事業をテーブルの上に乗せて、みんなでわちゃわちゃ議論をしていきながら、「これこんな感じでしたらいいんじゃないですか」っていうところでコミュニティの皆さんのアイデアや力を借りるのがいいんじゃないでしょうか。

―うんうん。

イケハヤ 僕らだと特にIPがあるんで、例えばCryptoNinjaのIPを「こうやってこの新規事業を絡めたらいいんじゃないですか」みたいなことを考えていくっていうところですね。
　基本的には新規事業周りで何か一緒にやるっていうのが、コミュニティにとっても、企業にとってもすごく話がしやすくて、多分一番良い

ものが生まれやすいんじゃないかなと。だから新規事業の立ち上げパートナー的な形で関わらせていただけると、我々としてはすごくやりやすいのかなと思ったりしますね。

―コミュニティは企業にとって種火みたいな存在にもなるのかなって想像しながら聞いてました。次に、コミュニティと企業が組む場合、企業側で注意した方が良いところって何かありますか？

イケハヤ そうですね。やっぱりまず、ちゃんと出てきてくれないとダメですね。生身の人間として、話をちゃんとしに来てくれることでしょうか。僕らのコミュニティスタイルって個人の集団なんですね。そこに会社の看板に隠れた人みたいなのが来ても、なんかちょっとピンと来ないわけですよ。

　そうじゃなくて、その人もやはり生身の人間として、こっちにまず来ていただかないとコミュニケーションが発生しないですね、ってところがあって。まさに今こうやってスペースでインタビューを受けていますが、こうやってコミュニティの人とお話をしたりとか。

―なるほど。

イケハヤ あとは、やっぱり企業側がコミュニティに歩み寄っていくっていうのもすごく大事ですね。

　こういう話の時、僕はアディダスの事例をよく出すのですが、アディダスはNFT事業を始める時に、世界でも価値が高いBored Ape Yacht Club（ボアード・エイプ・ヨットクラブ。以下、BAYC）っていうNFTをまず買ったんですよね。で、買うと何が起こるかというと、そのNFT村みたいな人たちはみんな喜ぶわけですよね。特にBAYCというNFTのホル

ダーなんかだと「うわ、あのアディダスが買ったぞ！　なんなんだ、なんなんだ！　ありがとう！」みたいな感じになって。

　その後にアディダスが自分たちのNFT事業を発表すると、結構ウェルカムな状況っていうのができて歓迎されたんですよね。

――面白いですね。

イケハヤ　一方で、そういうふうなコミュニケーションを取らないで、ただNFTが儲かるかなとか、クリプトが儲かるかなって、突然ボンと出しても、やっぱり反応が悪いんですよね。

　なので、一定程度歩み寄っていく。コミュニティが大事にしているものを、企業側も共に大事にしていくっていう姿勢をちゃんと有言実行した上での方が、圧倒的にコミュニティの皆さんっていうのは力を貸してくれやすくなるんです。そのコミュニティで一体何が求められているのか、大事にしてほしいことって何か、みたいなことを考えてやっていくと、多分、いろんなコミュニティと良い関係性を紡げるんじゃないかな、というふうに思いますね。

――一朝一夕にはいかないというか。それゆえに、一回信頼関係を築けると強いのかなっていう感じがしました。

イケハヤ　そう思いますね。長い時間軸でコミュニケーションを取って、その人たちの力を借りていく。まさに一回力を借りる関係性ができちゃうと、多分もうそこからはお金の話とかじゃなくなっていって、「仲間だから応援するよ」とか「自分たちの近しい人だから応援するよ」というような形になるんで。うまく力を借りられるようになると、すごくレバレッジ（てこのように小さな力で大きな効果を得ること）が効い

てくるような感覚はありますね。

―すごい新しい感覚ですよね、これ。

イケハヤ　うんうん、そうですね。企業が広告費用を払ってKPI（Key Performance Indicator、重要業績評価指標）がどうこう、CPM（Cost per Mille、広告配信1000回当たりの費用）がどうこうとかいう話ではなくて。そこにいる大勢の人たち、僕らのコミュニティにはアクティブでも1000人、2000人、3000人くらいいるので、そういう人たちの力をどうやって借りるかっていう話だから。お金を配ればいいとか、そういう話でもなくて。

　そこにいるたくさんの人たちにまず歩み寄っていって。そして「私は仲間になっていいですか？」みたいなことをちゃんとコミュニケーションを取って、一緒に何かを進めていく。そういう集団みたいなもの、デジタルコミュニティっていうものが今結構生まれているんで、その力を借りていくっていう発想は、確かに非常に新しいですね。

―勉強になります。

「今までの人為的なインフルエンサーマーケティングみたいなものとは、一線を画するブランディング効果が当然あると思う」

イケハヤ　マーケターとしては、じゃあ「KPIは何なんですか？」とか「どんな効果があるんですか？」と言われても非常に説明しにくい。だから実際、現場レベルでやるとすると、すごく難しいマーケティング施策だなと思ったりもしますね。社内で話をどうやって通せばいいんだろ

うって。僕ももともとマーケティングのお仕事、コンサルタントをやってるんで、説明するのは難しそうだなとは思いますね。

—これ難しいですよね。特に企業の担当者が上司に通そうとすると。

イケハヤ　「何なの？」って話になっちゃいますからね。

—そうですね。だからCNPのスポンサーになっていただいたKDDIさんとか、めちゃくちゃすごいと思います。広告費っていう感じでもないじゃないですか。

イケハヤ　そうですね。

—株を買っているのとも違うわけで。ステークホルダーになるみたいな感覚を、どう説明するのか。簡単な文言ができると一気に広がるかもしれないのにな、って思うんですよね。

イケハヤ　難しいですね。まあでも端的に言うと「インフルエンサーマーケティングの次」っていう表現が結構分かりやすい気がします。
　僕らのコミュニティだと、僕もXのアカウント50万フォロワーぐらいいて、他にもNinjaDAOだと、いわゆる万アカと言ったりしますけど、１万人以上フォロワーがいる人は本当にゴロゴロ転がっていて。しかも母数自体も数千人規模いるんで、コミュニティの関心とか賛同とかを得るとバズるんですよ、シンプルに。めちゃくちゃ簡単にバズる。

（……スゴイ）

イケハヤ　それって多分、これまでのインフルエンサーマーケティングとはレイヤーが違うような話で。今まではインフルエンサー単体をリクルーティングして、何か商品なりを提供して100万インプレッション取ってもらうとかしてましたよね。でも、それって1人の人が発信しているだけで、複数人に発信させるとなんか一気にステマっぽくなってくるじゃないですか。

—確かに。

イケハヤ　いろんなインフルエンサーが同じ商品を宣伝していると、「これはステマに違いない！」みたいな感じになっちゃうんですけど、コミュニティだと多分そういう感じになりにくい。なぜかというと、コミュニティのメンバーが自発的に、まさに先ほどKDDIさんの話がありましたけど、KDDIさんがスポンサーになってくれましたって言ったら、みんな自発的に発信をしてくれるからです。で、多分そのインプレッションってとんでもない数になっていて。
　で、しかもステマっぽくないというか普通にみんな喜んで、「KDDIさんありがとうございます！」みたいな言葉がSNSで自然に飛び交っていくんですね。だから、今までの人為的なインフルエンサーマーケティングみたいなものとは、本当に一線を画するブランディング効果が当然あるとは思うので。そういう切り口から説明をしていくのがいいんじゃないでしょうか。

—なるほど、なるほど！

イケハヤ　やっぱり今、インフルエンサーマーケティング自体がもう限界に来ているというか、難しくなっている感じがするんで。そこから次

の打開策みたいなものとして、コミュニティの力を借りて、特にインフルエンサーみたいな人たちがいっぱいいるようなコミュニティの力を借りるとかっていうのは、すごく分かりやすい。計測可能な効果なんかも多分出てくるんじゃないかなと思いますね。

—「インフルエンサーマーケティングの次」っていう説明の仕方って企業の方にいいですね。

イケハヤ　そうですね。みんな限界を感じながらやっているような気がするんで。

—余談ですけれど、自分の友達にNFTとかCNPとかフィナンシェのこととか、まず通じないんですよね。そういうジレンマみたいなものがあって。そこへ、誰でも知っているKDDIさんみたいな企業がスポンサーになってくれたっていうのは、僕だけじゃなくて多分コミュニティの人はみんな誇らしい気持ちになっていると思うんですよね。

イケハヤ　そう思います。

—普通は「広告がついて誇らしい！」ってなかなか思わないですけれど、言語化しにくいんですが、その感覚がなんかコミュニティマーケティングなんだろうなって。

イケハヤ　大事ですね。だって「スポンサーになりました」っていうのは要するに広告費を払ったっていうこと。それをめちゃくちゃ感謝されるのは、やっぱ面白いなと思いました。普通、広告主が「ありがとう！」って言われないじゃないですか。しかも1人や2人じゃなくて、

コミュニティのみんなから感謝されて、もう神みたいな扱いになって。

—はい。

イケハヤ　でも変な話CNPを10点買ったらスポンサーになれるわけですよね。今（2024年6月現在）CNP1つ20万円前後ですから、そんな何千万もかかるわけでもない。それで、企業のマーケ予算のごくごく一部を使ってCNPを買ってスポンサーになったら、とりあえずものすごい感謝されるって、すごくないですか!?　しかもSNSでバズる可能性もあって、そこからまたコミュニティと一緒に何か企画を進めることができるって考えると……！

　いや、なんかセールストークみたいになっちゃうんですけど、めちゃくちゃコスパがいいマーケティング施策だなって、予算規模にもよりますけど、それは本当に思いますね。

—コスパめちゃくちゃいいですね。僕が代表をしている会社（ハゴロモ）もCNPのスポンサーになっているのでよく分かります。コスパっていうか、お金を消費してる感覚がないので。別に何も消費していないというか、本当にステークホルダーになったっていうだけで、こんなに温かい言葉をかけてもらえるんだなっていうのは感じました。

イケハヤ　本当ですよ。神ですよ、神。我々からしたらsotaro神、ハゴロモ様みたいな感じですからね（笑）。

—でも企業側から冷静に考えると「いや、別にそんなにリスク取ってないんだけどな」みたいなところはありますね（笑）。

イケハヤ　ちょっとしたマーケティングキャンペーンの予算以下ぐらいじゃないか、みたいな（笑）。

—本当にそうです。大手のEC（ネット通販、ネットショップ）ではもっと大きな広告費用がかかりますから。

イケハヤ　もっと費用かかりますよね。

—その上、効いているんだか効いていないんだかみたいなことって、やっぱりあるので。ダイレクトに感情みたいなのが伝わってくるっていうのは、すごく面白いマーケティングですよね。

イケハヤ　そう思います、本当に。多くの起業家なりマーケターの人にこういう選択肢があるってことを知ってもらいたいですね。お金払ったらもう神扱いされる。あなたの会社がめちゃくちゃ感謝される、みたいな、そういうマーケティング施策もあるんですよ、というのはね。この書籍を通して伝えたいですよね。

「企業が自前で作るというよりは、コミュニティを運営している人たちの力を借りるのがいいんじゃないかと」

—じゃあ、企業がコミュニティの可能性を分かってくれたと仮定しての質問です。「そんなにコミュニティっていいんだったら、うちも作ろうか」みたいに、企業がコミュニティをゼロから作って育てることってできるんでしょうか？

イケハヤ　もちろんできなくはないと思います。だけど商品ジャンルとかサービスジャンルとかで、かなり相性の差があるような気はしますよね。だからどんな企業もすべてコミュニティを持った方がいいかというと、そこまででもないんじゃないの、とは思いますね。

　コンサル的に言うと、「作りたいです」っていう会社さんがもし僕に問い合わせをしてきたとしても、「いやー、御社だったら別にやらないでいいんじゃないですか」みたいな回答を、多分8割以上返しそうな感じはします。

―そうなんですね。

イケハヤ　まず、そもそも作ることが非常に難しいですよね。コミュニティに人を集めるって言った時に、やっぱりそこの代表クラスの人の話じゃないと、みんなあんまり聞いてくれなかったりするんですよね。もちろん担当者レベルの人でもいいんだけど、そういう人って異動もあるから、最悪いなくなっちゃったりもして。そうなると、コミュニティの空気感も変わっちゃうんですよね。しかも「ちょっと上司に持ち帰っていいですか？」みたいなことにもなって。そうなると、なんか冷めるじゃないですか。

―確かに……。

イケハヤ　でも、そこで社長や意思決定者が前に出てくると、本当に社長とコミュニティメンバーが直接話す場ができるから、そうなるとやっぱり仲間になった感じっていうのが出てきますよね。つまり権限を持った人がちゃんと継続的に前に出て、しかも話をしなきゃいけない。もう何だったら毎日毎日Xのスペースで僕は話をしてるし。Roadさんなんか

も、毎日毎日コミュニティメンバーと音声メディアを通して話してたりしてますからね。

　あとは、Discordみたいなツールを通して、毎日毎日ひたすらコミュニティメンバーと向き合わなきゃいけないっていうその工数とかも考えると、「普通はやらない方がいいですよ」って、結論的に言うとなってしまうんですよね。

―大変そうですもんね。

イケハヤ　でも、それに見合うような事業領域だと判断して、トップの人が「それでもコミュニティの力を使いたいんだ」っていうんだったら、自分たちで作るのもいいとは思いますが、基本的にはあんまり。やっぱり難しいので。あと費用対効果が見えないものだったりもするんで。企業が自分たちで作るっていうことに関して言うと、現実には強くお勧めできないんじゃないかなって、そう思っちゃいますね。

―なるほど。この前、すごく言い得て妙だなと思ったのが、Roadさんがイケハヤさんのことを「コミュ僕」って表現していましたよね。

イケハヤ　公僕みたいな（笑）。

―でも、本当にそこまでしないと、コミュニティを維持して大きくしていくっていうのは、なかなか難しいってことですよね。

イケハヤ　そうですね。基本的にはフルタイムでやって、まず儲からない時期が非常に長いし。

　僕のコミュニティはそろそろ３年経ちますけど、累計で言うともう１

億円ぐらいはコミュニティにお金を投じてますね。それでじゃあ、プラスが出てるかって言うと、プラスは出てないし、今後も出る見込みは多分そんなにないし、みたいなところも分かりながらやってて。だからやっぱり難しいんじゃないかなと。

—そうなんですね。

イケハヤ　コミュニティって公園みたいなイメージでしょうか。公園って、作った人は別に儲からないじゃないですか。入場料も取らないし。でも、公園自体はすごく存在価値があって、誰もが基本的には受け入れられて、そこで子どもと楽しく過ごす人もいれば、一人で本を読んでいるおじいちゃんもいますよね。そして、たまにお祭りみたいなことがあっても、公園のオーナーって基本的に自治体だと思うんですけど、「儲かんないよね」みたいな話に似てて。

—なるほど。

イケハヤ　でも、公園はトラブルも起こるしメンテナンスもしなきゃいけないし、遊具が壊れたらまた2000万、3000万出して買わないといけないし。そんな意思決定をしていくような感じなんです。

—はい。

イケハヤ　現代の株主資本主義みたいなものの中で、僕らが今やっているようなことをやるっていうのは不可能に近いと思うんです。
　よっぽどいい意味でワンマン的な意思決定ができて、スモールビジネスで、あんまりお金のことを株主からつつかれないで済むような会社さ

んだったら、コミュニティ運営できるでしょうけど。でも、どこまでやっても儲からないものなので「社長、何やってるんですか！」みたいなことを言われて終わってしまうような領域の話かもですね、これは。

―なるほど。味方にするとめちゃくちゃ強いけれど、自前でやろうとすると費用対効果が合わないっていうのがコミュニティマーケティングなんですね。

イケハヤ　基本的にはそう思いますね。もちろん、本当に小さくファンコミュニティみたいなものを作るとかだったら、できなくはないけど。でも僕らが言ってるコミュニティって、もっと何かが自走的に生まれてくるような場所を作ってるんですよね。

―分かります。

イケハヤ　僕はCryptoNinjaのコミュニティを作ったオーナーですが、もう僕の知らないところでいろんなものがたくさんコミュニティの力で生まれていて。公園も似ていて、みんなが自由に何をしてもいいじゃないですか。最低限のルールはあるけれど、子どもたちは創意工夫を持って誰から許可を得るわけでもなく、新しい遊びをやっている、みたいなね。そういう場を作っていくって考えると、やっぱり費用対効果も合わないし、「そもそも何でこんなことやってんだっけ？」みたいな話になっちゃうので。

―それはそうですね。

イケハヤ　まずおっしゃる通り、企業が自前で作るというよりは、コ

ミュニティを運営している人たちがいるので、そういう人たちの力を借りるのがいいんじゃないかと。

　公園で言えば、夏祭りの時だけ、その企業の社長さんが祭りのステージで「ちょっと1分だけ話していいですか？」って話して、みんなが社長の話を聞いて「よっ！　社長っ！」て言って盛り上がって応援してもらうみたいな。そういうイメージですよね。

「CNPを所有してアイコンにしていたら、もうパートナーの証なのですぐ仲良くなれる」

—楽しそうですよね！

　そしたら、ちょっとお話を変えますね。コミュニティマーケティングの観点で、NFTとかブロックチェーン技術があるからこそできたこと、面白いことって何ですか？

イケハヤ　これはもう、ものすごくいっぱいあり過ぎて。かなりかいつまんで話さなければいけない話ですけど。

—はい。

イケハヤ　NFTがすごく面白いのは、世界で1枚だけの画像みたいなのを作れるわけですよね。しかも人気のNFTだと金銭的な価値が本当についてきて。僕らのNinjaDAOで特に有名なコレクションのCNPだと、1つ20万円ぐらいで売買が成立してる。でも「そんなのただの画像だ！」と言われたらただの画像なんだけど、「これは世界に1枚しかない自分のお気に入りのやつなんです」っていうような。NFTという技術を使うと、そういう前提を作ることができて。

—うんうん。

イケハヤ　今、僕らはデジタルコミュニティの中で交流しているので、メンバーがSNSのアイコンにしているNFTを見ると、本当にアイデンティティが同一化しちゃってます。僕の中でsotaroさんはこの尖ったサングラスをかけたオロチなんですよ。NinjaDAOの皆さんにとっては青グミリーリーはRoadさんだし、僕はこの酒持って眼鏡かけたインコだし、おもち先生はレインボーリーリーだし。

　みんなそれただの画像なんだけど、これが普通のWeb2の世界だったら画像のコピーなんていくらでもできるから、誰が誰だか分かんないはずなんですよね。

—まさにそうですよね。

イケハヤ　僕らはWeb3で世界に1枚だけの画像っていうものを作る前提を持ってる。そこでデジタルコミュニティなんだけど、その人のアイデンティティをイラストとか画像で表現ができて、人々がすごくつながりやすくなっているところが特徴的です。

　Web3、NFT、ブロックチェーンみたいな技術を活用することで、デジタルの空間なんだけどその人が本当に実在しているような感覚、匿名なんだけどその人はちゃんといるよねっていう感覚は、多分すごく作りやすくなっていて。

—確かに。

イケハヤ　これは体験していただかないとなかなか分かりにくい部分なんで、非常に難しいんですけど。実際にNFTをアイコンにしてみると多

分気づけるような話ですね。「ちょっと体験してみてください」としか言いようがない部分があって、これ以上は言葉が詰まっちゃいますね。

—体験しないと分からないかもしれないですね、そのエモさみたいなものは。

イケハヤ　だって端から見たら、全くよく分からないじゃないですか。いい年したおっさんたちがなんか蛇のアイコンにしたり、鳥のアイコンにしたり。「なんなの？」って普通なりますよね（笑）。そして、それが実は20万円しますとかって、絶対に分かってもらえない。だけど、僕らはそれをもう理解できるようになっている。その共通の理解とか価値観を共有しているっていうところで、またさらにコミュニティが盛り上がりやすくなってくる。

—うんうん。

イケハヤ　ある種仲間のバッジみたいな、つまり会員証なんですよね。CNPを所有してアイコンにしてたら、もうこれってパートナーの証なので、すぐ仲良くなれるっていう。会ったことがない人でも、「そのリーリーめちゃくちゃいいですね！」っていう会話だけで、もう一瞬で了解が取れて仲良くなって。

—そんな場面はよく見かけます。

イケハヤ　デジタルコミュニティの形成とか維持発展が加速していくっていうところは、やっぱりNFTの技術を使わないと、つまり世界で1枚だけの画像っていうのを作れるっていう技術がないと、どうやって

やっていいのかよく分からない。やっぱりそういうデジタルコミュニティの形成、維持、展開にNFTがものすごく効いているなと思いますね。

—なるほど。僕もこの自分のアイコンを見ると、無意識に自分だって思ってますからね。

イケハヤ　そう。なんかアイデンティティが同一化してきますよね、自分のPFP（Picture for Profile、プロフィル画像）と。不思議ですよ。「ただの画像じゃん」って言われたらその通りだし、「それ何なの？」って言われたら説明が難しいみたいな感じはありますよね。

—そうですね。これ、自分の顔を出すよりも説明がつくというか。なんかそんな感じもしちゃうんですよね。

イケハヤ　うんうんうんうんうん。なんか戻れないですよね。顔を出すとかは必要に応じて出すけど。なんかね、自分のおっさんの顔を出すのも微妙ですよね。アイコンの方が気楽だし、みたいなね（笑）。

—そうですね。これはちょっと不可逆かもしれないですね。

イケハヤ　そう思います。

「良い意味でお客さんをこっちがちゃんと選んでいける。それは顧客満足度を高めることになるし、ブランドの展開を強化することにもなる」

—ちょっと、一般企業のマーケティング担当者目線とか、コンサル目線

でお答えいただきたいんですが。トークンとかNFTとかブロックチェーン技術を、一般企業がこんなふうに使えば面白いのになっていうことはありますか？

イケハヤ　いやそれは、もう一冊また別の本が書けるぐらいいろいろありますよね。世の中、まだなかなか気づいてないんですけど、普及してないからできないっていうことも含めて、たくさんありますね。

―と言いますと？

イケハヤ　我々がやってることで、多分一般の企業でも通用するような一つの考え方で言うと、お客さんを良い意味で選んでいける部分はありますよね。NFTの技術、ブロックチェーンの技術を使うと、今までコミュニティとか、ブランドに対してどんなことをしてきた人なのかみたいなものが、全部ウォレットとかアカウントに刻まれていく。履歴として残っていくんですよね。

―はい。

イケハヤ　例えば僕らの場合、「限定100個の新商品です」って言った時に、やっぱり一番のロイヤルカスタマーに渡したいわけですよ。そういう時に、もう既にブロックチェーンに全部情報があるんですよね。本当にワンクリック、ツークリックで情報が取れるので。
　例えばCNPをすごくたくさんマーケットで買ってくれて、応援してくれて、ずっとそれを大事にしてる人を、上位100名抜き出すとかっていうのは、ものすごく簡単にできるんですよね。だから、そういうロイヤルカスタマーの可視化みたいなものは本当にものすごく強い。

―確かに……。

イケハヤ　もうちょっと踏み込むと、パブリックなブロックチェーンにデータがある場合は、例えば競合のデータも簡単に引っ張れて、他のブランドの顧客がどういう顧客であるかみたいなことも、僕らの領域だと結構取れちゃったりしますね。
　なので競合分析にも使えますし、あとは自分たちの顧客で誰が本当のロイヤルカスタマーなのかみたいな情報が、ものすごく簡単に取れていくっていうのは分かりやすくありますね。

―うんうん。

イケハヤ　なので、転売ヤー問題を例に出すと、転売ヤーっていうのは要するにロイヤルティが非常に低いお客様なんだけど、販路の都合でそういう転売目的の人にどうしても渡っちゃう恐れがある時に、ブロックチェーンを使うとかなり精度高く排除ができます。ずっとブランドのことを応援してくれているカスタマーだけに新しい商品を案内するっていうことが、本当に簡単にできるんです。

―スゴイ！

イケハヤ　僕らはいつもそれをやってるんですね。ここがまさにWeb3的なところで、良い意味でお客さんをこっちがちゃんと選んでいける。それは顧客満足度を高めることになるし、ブランドの展開を強化することにもなるので。うん、Web3は特にそうですね、ものすごい人気のある消費財を扱っているブランドだったら、使った方が基本的にいいよなと思いますね。

ただ、いかんせんまだね、やっぱり課題で言うと使いにくいじゃない
ですか。技術的にまだ全然慣れ親しまれてないものなので。だから、有
名なブランドがじゃあ今からWeb3やりますって言っても、多分お客様
がついてこないよね、みたいなところが課題になっちゃってる。これも
また否めない部分ですね。

—このジレンマはまだまだ続きそうな感じがしますね。

イケハヤ　そうですね。あと５年10年はかかるんじゃないですかね。誰
でも知っているような普通の会社が、僕らが今やっているようなWeb3
の最先端のマーケティングを当たり前にできるようになるのは。時間が
かなりかかると思いますね。

—これがもっと簡単になる世界っていうのは想像できますか？

イケハヤ　できるとは思いますよ。ただ、どうでしょうか、あとはもう
やる気の問題みたいなのもありますからね。スターバックスの事例だ
と、スタンプをNFTにするというプログラムがあって、でも顧客にはそ
のスタンプがNFTだっていうことが分からない状態になっていました。
で、一応あれもロイヤルカスタマーを可視化するプログラムだったよう
ですが、うまくいかなかったらしくて結局やめちゃいましたよね。
　これから多分、いろんな実験が出てきて、ブロックチェーンの方もす
ごく使いやすくはなっていくわけなので。あとはやる気の問題っていう
感じもしますかね。

—お客様に向けて「これはNFTですよ」って言う必要もあんまりないか
もしれないですね。

イケハヤ　もう全然ないと思います。強いて言えば会員証とかポイントカードくらいでいいんじゃないですかね。「新しいデジタルポイントカードですよ」みたいな。で、そのポイントカードみたいなものは裏ではブロックチェーンで動いていて、情報もすごく透明化されていて。まあ、コミュニティみんなでその情報を扱えたりするみたいなところになってくるんでしょうかね。

「従来の資本主義とか商品経済の中では起こり得ないような、よくわからないことすら起こっている。20万円相当の価値があるものを配っていくっていう（笑）」

—ここ最近のコミュニティマーケティングの事例、Web3コミュニティの界隈で、イケハヤさんが一番興味を持たれたトピックって何でしょうか。

イケハヤ　難しいですね（笑）。「ここ最近のコミュニティマーケティング」って、そもそもそういう領域があるのかないのかという話はまずありますが。
　個人的にコミュニティマーケティングで今まさにって話でいうと、これ説明するのは難しいですけど、我々のコミュニティでCNPのNFTをメンバー同士で贈り合う、プレゼントし合うっていうのが、実は盛り上がっていたんですよ。

—すごいですよね、あれ！

イケハヤ　あれはすごくコミュニティマーケティング的だと思うんです

▶ プレゼントを楽しむメンバーたち

← ポストする

くろあ : CLOER 🐦
@CloerTshirt

ベスハムさん(@pess_ham)企画の #CNP giveawayに当選しました‼️
もう運使い果たしたかも 🙈
ありがとうございました🙏

Narukami-Charm02 #03070

Owned by you　👁 2 views　♡ I favorite

← ポストする

しんもも 🍑 ✓
@shinmomo0512

チョコ兄さんはCNPRの二期生であり、CNPRプロジェクトを生み出した
FYGコミュニティでも活発に活動してくださってました！

感謝の意味を込めて贈らせていただきました。

他にも贈りたい方はたくさんいるんですが、CNPは残り5体となっていま
すのでゆっくりと贈っていきたいと思います😊

#CNPをもっとたくさんの方に贈りたい

 チョコ兄さん(@CNPR2誕生/FYG御伝)だべり増殖民 @choco_neisan 6月29日
しんももさんから(@shinmomo0512）CNPを贈っていただけました😭
夢にまで見たCNPオーナーの仲間入りとても嬉しかったです🙏
ほんと感謝しきれません😭
イケハヤさんとしんももさんの名前の刻まれたCNP大切にします ✨
#CNP

← ポストする

【御礼】
この度、@imoto_akira さんにキンクマリーリーを頂戴しCNPオーナーの仲
間入りをさせていただきました 🥰
ウォレットにCNPが 🥺
本来であれば、次の方に恩送りするのが正しいと思いますが何せ初CNP。
後生大事にすることをどうかお許しください。
imotoさん、イケハヤさん、ありがとうございます

Leelee-Kinkuma hamster #17705
CNP / CryptoNinja Partners ✓

← ポストする

しんもも 🍑 ✓
@shinmomo0512

【CNP"2体"贈ったら、イケハヤさんからCNP"３体"贈られてきました】

今日、僕はいつもCNPRを陰ながら応援してくれている@hakunosuke さん
と @Tkyouki さんにCNPをプレゼントしました（合計２体）

そしたら、イケハヤさんから端的にいうと"**感謝**"というDMがきて３体の
CNPをいただきました。

もちろんこの3体は大切な人にプレゼントしていこうと思っていますし、
イベントなどを盛り上げてくださった方にプレゼントという形をとってい
きたいと思います。

今日いただいた素敵なCNP達はこちらです。

Leelee-Red panda #...　Mitama-Leaf #04321　Narukami-Pink(leaf)...
CNP / Crypto... ✓　CNP / Crypto... ✓　CNP / Crypto... ✓

よね。CNPの運営はバケットという会社で、ファウンダーはRoadさんですが、そもそもRoadさんは全く1ミリも関わってない。これは僕もCNPコミュニティのメンバーなんで、僕が「みんなで自分たちの大事なCNPを大事な人に贈ったら楽しいでしょ」みたいな提案をしたら、結構な人数が乗ってきてくれて。

―そうでした。

イケハヤ　一緒にコミュニティを盛り上げる仲間をそれぞれが自発的に見つけてきて、CNPって今（2024年6月現在）1個20万円ぐらいしますけど、それを配っていく。ある方だと4つとかあげているので、もう80万円を仲間になってほしい人に配ってるんです。やっぱり、もらった皆さんは、20万円相当のNFTをもらうから結構びっくりするわけですよね。本当にすごく驚いてくれて、喜んでくれて。

―それはそうですよね。

イケハヤ　そうすると、コミュニティの仲間がまた増えていくわけですよね。3日間でCNPのオーナーがきっと20人くらい増えたんじゃないかと思うんですよね。それはもうコミュニティメンバーのみんながプレゼントして仲間を増やしていくっていうことを、皆さんが本当に協力してやってくれて、そういう結果になっていて。

―はい。

イケハヤ　普通の商品だと、これはもはや想像ができないんですよね。だってよく分からないじゃないですか。例えばユニクロをどんなに好き

な人でも、じゃあそのユニクロの何かを誰かに配るかっていうと、別に配らないだろうし。あるいはもうちょっと値段が高い、じゃあパナソニックの冷蔵庫がすごい好きだからって、パナソニックの冷蔵庫を配らないじゃないですか。よく分からないじゃないですか。

―そうですよね。

イケハヤ　僕らはすごく独特なことをしていて。高度に密に連携している人々がちゃんとネットワーク化されているコミュニティを持っている状況を作ると、従来の資本主義とか商品経済の中では起こり得ないような、よく分からないことすら起こっている。20万円相当の価値があるものを配っていくっていう（笑）。

―はい（笑）。

イケハヤ　言ってみれば、CNPのオーナーは我々の顧客みたいなものじゃないですか。CNPっていうブランドの顧客が、自分が手にしたものを友達にどんどん配っていくって、よく分からないはずなんですよね。そんなことって普通は起こり得ないけどそれが起こっていて、実際またコミュニティが盛り上がっていって、コミュニティの仲間が増えていってブランドが強くなっていく。
　贈っている人もそれによって満足感を得て、それでさらに「このブランドが大きくなればいいや」とか「うれしいな」って思って。自分の20万円相当のNFTを友達とか大事な人にプレゼントしていくっていうのは、端から見れば何が起こっているのかよく分からないですよね。

―普通は理解できないでしょうね。

イケハヤ　資本主義的に、そして個人主義的に考えた時に、全く合理性がないことが起こっていて。そういったマジカルなこと、普通じゃ起こらないようなことっていうのが、コミュニティマーケティング、コミュニティ運営を突き詰めていくと起こってくる。

　そこの面白さっていうところに、すごい楽しいことが起こってるなというふうに思いました。お客様が手にした商品を、そのお客様が布教のために贈与しまくるみたいな。新しいなという感じがしましたね。

「この感じで楽しくやりながらどこまで通用していくのか、っていうのを検証したいっていうのはすごくありますね」

—じゃあ最後の質問です。これから先、イケハヤさんが実現されたいことや夢を教えていただけますか？

イケハヤ　そうですね。僕らが今やっているコミュニティって、先ほどお話したように公園を作って、ブランドを育てていくみたいな、よく分かんないアプローチを取っています。これが本当にめちゃくちゃうまくいくかどうかを、やっぱり確認したいですね。

—なるほど。

イケハヤ　やっている人がほぼいないアプローチで、でもCryptoNinjaはまだ３年しか経ってないですが、テレビアニメもあったりゲームもたくさん生まれていたり。そのゲームも結構ヒットしていて、手応えみたいなものはあるけれども、まだまだ知られてないよなと。

　IPとして見ると本当に知名度は低いけど、こんなやり方でIP事業を

やってる人たちは世界中探してもそうそういないと思うので。このやり方が、この感じで楽しくやりながらどこまで通用していくのか、検証したいなっていうのはすごくありますね。

―コミュニティの人数は目標値に入ってたりするんですか？

イケハヤ　すごくいい質問です！　それは結構悩んでいたポイントで。少し前までは、やっぱコミュニティ自体のメンバーをもっともっともっと大きくして増やしていく、10万人、20万人、100万人に増やしていくっていうのが大事なのかなと思ってたんですけど、「やっぱなんかちょっとちげえな」と思っていて。

―何でですか？

イケハヤ　今、僕らが話しているコミュニティの皆さんは、なんか一周回って会社のメンバーみたいな感じになってきてるんですよね。心持ちでいうと。だから僕らがやっているこのNinjaDAOって組織が、逆になんか一周回って会社みたいなものだとした時に、別に社員10万人とかいらないはずなんですよね。

―分かります。

イケハヤ　例えばね、世界で最も成功してるポケモンみたいなIPを考えた時に、ポケモン関連の会社の正社員は10万人とか多分いないと思うんですよね。もっと少なくても、もちろん作れるっていうことを含めて考えた時に、僕らが今、皆さんと話しているコミュニティのメンバー数っていうのはそんなに多くなくても良くて。

—はい。

イケハヤ まあ多ければ多いほどいいんだけど、数というよりはそこでちゃんと文化を共有できたり、生産的な何かが生まれていったり。で、ちゃんとその価値がついていってるという方が大事なので。だから、人数で言うと変な話、もっと少なくても良くて。ベンチャー企業で考えてみると、手伝ってくれるメンバーが3000人もいたら「そんな、何ができるんですか！」みたいな話になってくるわけですよね。

　今、僕らの規模感で言うと多分3000人、4000人ぐらい。そのくらいの規模感で物事を進められているんで、もちろんそれを5000人、6000人ぐらいに増やしたいっていうのはあるんですけど。でも、そんなに人は要らなくて、もっと内部の経済がちゃんと回っていく仕組みを作ったり、あとは文化を作っていったりという方が多分大事で。

　で、それを今、頑張ってやっているっていう感じですね。

—ありがとうございます。本当に興味深いお話がたくさん聞けました。

LLAC ファウンダー

しゅうへい

PROFILE

1989年、愛媛県今治市生まれ。(株)むらかみかいぞ
く代表。SNS総フォロワー25万人。社会人時代に
借金を作って抑うつ状態に。その後東京からUター
ンし、X(当時Twitter)とブログで独立。2022年『お
金の不安ゼロ化メソッド』出版。受講者2万5000人の
「フリーランスの学校(フリ校)」、取引高12.5億円
のNFTプロジェクト「Live Like A Cat(LLAC)」
を運営中。2024年10月、今治市大島に本社兼コ
ワーキングスペース「LLACハウス」を建設。

　ネットワークビジネスにはまった末に、借金500万円を作り、勤めて
いた会社も行かなくなり……。そんな状態から再起させたのもコミュニ
ティであれば、立ち上げたライフスタイルブランド・LLACの原動力に
なっているのもコミュニティという、しゅうへい氏。自身のビジネ
ス、人生にコミュニティを味方につける「シン・コミュニティマーケ
ティング」の神髄に迫る！

「最初に作ったコミュニティは『お利息サロン』。月額3000円で10人くらいの人が初期に入ってくれたんです。僕の借金500万円の利息を払いたいっていう人が集まってくれた（笑）」

—しゅうへいさんといえば「フリーランスの学校」とか「Live Like A Cat」（以下、LLAC）っていうすごい強固なコミュニティを立ち上げられて、とても上手に運営されてるように見えるんですが。

しゅうへい　ありがとうございます。

—立ち上げ当初から、今みたいなコミュニティを作るっていうことは、イメージをされていたとか、目指されていたんでしょうか？

しゅうへい　多分フリーランスの学校とLive Like A Catを知らない方もいらっしゃるので、最初に簡単に紹介をしておきますね。

—そうですね、お願いします。

しゅうへい　まず「フリーランスの学校」はオンラインスクールです。在宅で稼ぐとか、フリーランスになって稼ぐための講座を提供していて、受講者が累計で2万5000人いらっしゃって。あと、リアルの講座も累計で2000人以上の方が全国で参加していただいています。小学校、中学校、高校、大学とかありますけど、それの大人版。もちろん学生の方も入れるんですけど、大人版のスキルだとか、生き方、働き方を変えていくっていう学校です。

▶ フリーランスの学校

―なるほど。

しゅうへい　で、実はフリーランスの学校の内部で事業を作ったりしてるんですけど、その中で一番うまくいってるのがLLACっていう、Web3時代のライフスタイルブランドなんです。

　簡単に言うと、ハローキティみたいな猫のブランドをコミュニティで作っていこう、みたいなイメージなんですけど、これがNFTに紐づいて

いてWe3時代のライフスタイルブランドって言われていて。渋谷パルコさんで去年（2023年）から2回ポップアップをさせていただいて、去年が1000人来場で売上が600万円、今年は1500人来場で売上が2000万円ぐらい出ましたね。それぐらいの実績を作らせていただいております。

▶ライフスタイルブランドLLAC

―スゴイ！

しゅうへい　ご質問に戻ると、最初からこういうコミュニティをやるっていうイメージがあったのか、っていうことですよね？

―そうです、そうです。

しゅうへい　なかったです。はい（笑）。

―そうなんですね（笑）。どのあたりから、これからはコミュニティだ

ぞ！っていう感じになられたんでしょうか？

しゅうへい　一応、オンラインサロンというものは2018年からやってい
たんですよ。2018年にブログとSNSで独立をして、その時に僕がSNSと
かフリーランスでどうやってお金を稼いでいるのか、どんなことに気を
つけているのか、LINEのグループで聞きたい人が5人ぐらいはいるだろ
うと思ったんですね。

　フォロワーが1000人、2000人ぐらい増えてたので、5人ぐらいはいる
だろう、月額3000円でどうかな、と思って作ったのが……あまり名前を
言いたくないので「ピー」って入れてもいいんですけど、「お利息サロ
ン」っていうオンラインサロンだったんですね。僕が借金500万円だっ
たので、僕の利息を払いたい人に入ってもらうという（笑）。

─ハハハ。

しゅうへい　もうダメじゃんっていう感じですけど、はい。月額3000円
で10人ぐらい集まっていただいたんですよ、初期だけで。

─それ、すごいですね！

しゅうへい　はい。ちょっと余談ですけど、今、財務で入っていただい
てるさかえる氏も、エンジニアのけいすけさんも実は「お利息サロン」
初期メンバーです（笑）。僕の利息を払ってくれていた人が今一緒に事
業やってるっていう、面白い関係性なんです。余談でした、はい。

　で、その「お利息サロン」をきっかけに、イケハヤさんとKindle出版
サロンとか英語で情報を取るサロンとか、それこそ今ちょっと一瞬復活
してるポッドキャストを攻略するサロンとか、そういうオンラインサロ

ンビジネスを2018年から「フリーランスの学校」を作ってやってたっていうところですね。

—はい。

しゅうへい　で、そこで「フリーランスの学校」っていうオンラインスクールを立ち上げる時に、「フリーランスの教科書」っていうものを最初に出そうとしたんですよ。ま、本当に教材ですよね。その時にイケハヤさんが「それよりかコミュニティの方がいいですね」ってアドバイスをくれたので、コミュニティ化したっていうのがまずあります。きっかけとしては。

「『居場所として機能をするかどうか?』っていうことがコミュニティを考える上で非常に大事」

—なるほど、なるほど。分かりました。ところで、コミュニティで何をしていくかっていうのが、この本の中心になってくるんですが、例えばですね、コミュニティで何かするって大きく分けると3つあるのかなって思ってるんです。

しゅうへい　うんうん。

—コミュニティに商品や何かを販売するっていうのが1つ。2つ目がコミュニティで何か商品や事業を開発する。あと3つ目がコミュニティを他の企業とか自治体の方に生かして使ってもらう、みたいな。

しゅうへい　なるほどなるほど。

―この３つなのかなって思ってまして、どれもやられてると思うんですが、狙ったことだったり、苦労されたことだったり、前に進められたポイントみたいなことがあれば教えていただけますか？

しゅうへい　ありがとうございます。これ難しい質問ですね。

―確かにそうですよね。

しゅうへい　なんかこうイメージを先に持っておくといいのが、デジタルコミュニティって「デジタル上に村を作る」ってよく例えられますよね。なので、デジタル上に村をまず僕らは作ろうとしたけれど、村っていろんな村があるじゃないですか。例えば 地元のコミュニティも自治会があったりとか、PTAがあったりとか、地域のボランティアさんとか。うちの集落とかだと、お遍路さんのコミュニティもあるんですよ。お遍路さんの接待をするコミュニティ。

―そりゃ、四国ですもんね。

しゅうへい　そうそう。だからいろんなコミュニティがリアルな空間にもありますけど、そこは何か目的だったりテーマだったり、たまたまこういう趣味があってとか。何を中心にしているかっていうので、どんな村になるかとか、その村がどう機能するかって変わってくると思うんですよ。なので、その視点がコミュニティビジネスを見る時には重要かなって考えていますね。
　それで質問に答えると、僕の場合はやっぱり価値観ですかね。メッ

セージに共感してくれた人が集まる。で、何をするか、Whatみたいなものも大事なんですけど、それは枝葉だと思っていて。それよりも、そこにいたい、所属したい、そこが自分の居場所だと思ってもらうことが大切で、デジタル空間もひとつの自分の居場所であるというようにすることが僕は一番重要だと考えていますね。

『むかしむかし あるところにウェルビーイングがありました』という本があって、「いる、なる、する」っていう順番が書いてあるんですね。

—はい。

しゅうへい 「いる、なる、する」で公園を思い浮かべてほしいんですけど、午後のなんか気持ちいい日、たまたま公園に子どもたちがいました。「いる」んですよね。で、同じ砂場で遊んでいたので、じゃあ一緒に遊ぼう、友達になろうとなりました。いるから「なる」になりました。で、友達になったから、じゃあ砂場じゃなくて一緒にブランコしようとか、缶蹴りをしようとか、家に帰ってゲームをしようとかっていうふうに「する」になると。この「いる、なる、する」の順番がすごく大事っていうのが、その本に書いてあるんですよ。

　でも、現代の社会とか仕事って「する」からなんですよ、全部。

—なるほど。

しゅうへい 「ウェブライターの仕事をしてください」とか、「動画編集の仕事してください」とか。で、その仕事に対して、あなたはどれぐらいコミットできますかっていう。これが悪いわけじゃなくて、その方が早いんですよ。気が合いそうだから友達になって、じゃあ「よかったら動画編集で仕事しますか？」とかめっちゃ面倒くさいじゃないですか。

だから、今の資本主義の中でスピードを意識すると、やっぱり「する」から始めた方がいいわけですよね。悪いわけじゃないですけど、この「する」から始めてしまうと何が起こるかと言うと、「ちゃんと仕事しないんだったら辞めろよ」って言われるんですよね。

―確かにそうですね。

しゅうへい　そうなんですよ。「いられないよ、ここに」って言われちゃうんです。で、「あれっ？」てなるんですよね。そもそも何のためにこの「する」をしてたんだっけ？ってことです。会社の売上とか成長目標があるから達成する、みたいな。でもそれって自分の人生と関係あるんだっけ？みたいになるわけですよ。
　ごめんなさい、なんか急に冒頭から話がすごい変なとこ行っちゃった（笑）。

―あ、いえいえ、大丈夫です。

しゅうへい　そう、だからなんか、このコミュニティの話って、ものすごく重要だと思っていて。今までの会社と同列にコミュニティを扱ってしまうと、入り口から全然違うものになってしまって、話が入っていかない気がするので。ここの前提をすり合わせるのが、すごく重要なのかなと思うんです。遠回しに説明したら、さっきのような説明の仕方になります。「いる、なる、する」で、まさにコミュニティを作っていくとか、運営していくっていう場合は、この「いる」からやっぱり始めないといけないですよね。

―なるほど、よく分かりました。

しゅうへい　そう。だから「あなた、LLACのポップアップを手伝わなかったら、ここにいられないよ！」みたいなのって、そんなわけないじゃないですか。CNPも「ラフォーレ原宿のポップアップ来なかったら、office-ジェネラティ部（DiscordのCNPホルダー限定チャンネル）に入れないよ」とか、そんなことないじゃないですか。

—そりゃそうですよね。

しゅうへい　うん。なんかリーリーが好きとかね。最初にミタマを買ったんでミタマが好きとか、それでいいじゃないですか。なのでそこにいる。で、「いる、なる、する」。その順番がやっぱり大事で。だからとにかく、冒頭に戻るんですけど「居場所として機能をするかどうか？」っていうことが、コミュニティを考える上で非常に大事なんですよね。
　すみません、質問していただいた内容を若干忘れてしまったんですけど……（笑）。

—はい、あ、いいです、いいです（笑）。

しゅうへい　そう、企業がどういうふうにコミュニティを活用していけばいいのかというのも大切ですが、この「居場所として機能をするかどうか？」という前提を先に分かってないと難しいのかな、っていうのがあります。うん、結局それがないと、中長期では上手く続かない気がしますね。

—分かります、分かります。はい。

しゅうへい　っていうところなのかなと思います。ちょっと質問からず

れてしまってるかもしれないですが。

—いやいや、全然ずれてなくて、本編のところでも企業がなんでスポンサーになるのか、みたいな話を書いてて。企業とコミュニティの目的が一緒になって、ステークホルダーになるから歓迎されたり、仲間になれたりするんだよ、みたいな話をしているので。ちょっと重なるところがあるなと思って、ニヤニヤして聞いてました。

しゅうへい　ありがとうございます。まさにそうだと思います。だから、何を大事にしたいかとか、何を守りたいかとか、どんなものを育んでいきたいかっていうことですよね。
　で、LLACとか「フリーランスの学校」が分かりやすくて、「フリーランスの学校」は「フリーランスを"ひとり"にしない」っていうのがミッションなんですよね。フリーランスになった瞬間とか、なろうとした瞬間に「いや、そんなの一部の人しかなれないよ」とか言われる。独立して、ウェブライターでも、ウェブの動画編集でも、SNSで食っていくにも「一部しかできないですよ」と批判される。

—そうなんですね……。

しゅうへい　僕もあったんですけど、それをやっぱ終わらせたい。で、フリーランスになった後、孤独なんですよね。多分、経営者も同じなんですけど、周りの人と話ができない。僕も島でフリーランスだったんですけど、周りにWeb系のフリーランスの人がいなくて、なんかこう、話ができないんですよ、本当に。うん、話が合わないというか、これで結構孤立してしまう。で、その孤立を防ぐために「フリーランスの学校」っていうコミュニティをやっているのが、ミッションなんです。

そして、LLACは生き方のアップデートなので「仕事がうまくいかないから、仕事ができないからといって鬱になるような社会を次の世代に残したくないよね、子どもたちに働き方で鬱になるようなライフスタイルを残したくないよね」っていうのがミッションなんですよね。

—はい。

しゅうへい　そういった古い価値観を「猫のように生きてぶっ壊していこう」っていうのが、LLACなので、そういうミッションを大切にして価値観を守って、一緒に変えていきたい。
　あ、そうだ、これね、『プレゼン思考』っていう本に書いてあったんですけど……すいません、あっちゃこっちゃ話がいきますけど（笑）。

—いえいえ（笑）。

しゅうへい　その本で「現代版『鬼退治』」っていう言葉を使ってたんですよね、要するにこういう価値観を壊していこうとか、変えていこうっていうのも、そのコミュニティの中で重要になってくるのかなと。LLACは特にそういうところが強いかもしれないですね。

—LLACのポリシーって、優しさと、ユルさと、時々強さみたいなのをすごく感じて。そこが素敵だなって思うんですよね。

しゅうへい　ありがとうございます。

「Web3時代はコミュニティ型雇用みたいな ものが一つありますよね。コミュニティにいる メンバーを採用した方が絶対に早いんで」

—余談なんですけど、うちの会社では新卒も中途も募集しているんです よ。で、中途の方ってまさに「いる・なる・する」だと、「する」で募 集しているんですよね。

しゅうへい そうだと思います。多分なかなか「いる」から採用するの は難しいですよね。

—ただ、新卒の方って、「いる」から採用しているんですよね。

しゅうへい なるほどなるほど。

—なので新卒と中途では、コミュニティと企業ぐらい入り口が違うんだ な、っていうのをお話をうかがって感じましたね。

しゅうへい 確かに。面白いですね。だから、それこそなんだったっ け、メンバーシップ雇用とジョブ型雇用ってあるじゃないですか。日本 はメンバーシップ雇用で総合職になって、いろんな部署を転々としなが らポストについていく、っていう。で、ジョブ型雇用が今後増えていく よ、とかって。
　なんかそれこそ、コミュニティ型雇用みたいなものが一つありますよ ね、Web3時代は。

―そうですよね。

しゅうへい　コミュニティにいるメンバーを採用した方が絶対に早いんで。

―うんうん。

しゅうへい　で、それってまさにコミュニティに「いる」ところから採用するわけじゃないですか。まずコミュニティに「いる」。で、コミュニティメンバーに「なる」とか、CNPホルダーとかLLACの「ねこぬし」に「なる」とかね。すると役職とかロールがついて、その次に何か具体的に「する」っていう。あ、「ねこぬし」っていうのはLLACのNFTを持っている方をそう呼んでいるんですけど。

　脱線しますが、そう考えたらコミュニティ型雇用みたいな話が言えるかもしれないですね。新しい雇用体系として。sotaroさんもそうだと思いますけど、そっちの方が多分いいですよね、絶対に。

―確かに！　従来のいわゆるサラリーマンっていう雇用形態が、機能しにくい世の中になってきたなっていう感じがするんですよね。

しゅうへい　うんうん。僕はもう面接受けに行けないかもしれないですよ、ちょっと。「なんでうちで働きたいんですか？」て訊かれたら、「いや生活費が……」って言いそう（笑）。「いや、ちょっと理由はないすけど生活費が……あっ！」って（笑）。

―ハハハ、うちでも落としちゃうかもしれないですね（笑）。

しゅうへい　そうですね、落としますよ、落としてください（笑）。そうそう。だから生活費は生活費を稼ぐ仕事があって、それとは別に海外で言うサイドハッスルとして「自分はこれにもう一つ情熱を持っておきたい」みたいな。そういうのがコミュニティと相性がいいのかもしれないですね。普段は一般的なWeb2のマーケ企業で働きながら、でも勤務時間以外は「CNPのoffice-ジェネラティ部でマーケティング手伝ってます」とか。

―うんうんうん、たくさんいらっしゃいますよね、そういう方ね。

しゅうへい　はい。

「自分がもしリスクを背負わずにNFTを100枚200枚持ってたら……。うん、なんかちょっと違ったんじゃないかなと。僕自身が弱い人間だから」

―話は変わりますが、LLACはトークンも含めて、お家芸が「ガチホ」みたいなイメージを持ってる方が多いと思うんですね。それでコミュニティ全体の利益だったり価値だったりを守られてるっていうふうに理解しているんですけれど。

しゅうへい　はい。

―コミュニティに参加している方と運営サイドの利害関係のバランスみたいなものを、今ちょうどいい状態に保たれてるのかなと思うんですが、それのポイントって何かありますか？　「こういうところにすごく

神経使ってます」みたいなこととか。

しゅうへい　ああ、なるほど。コミュニティと運営の利害関係というと、コミュニティっていうのはLLACコミュニティの「ねこぬし」さんのことですか？

—そうですそうです。

しゅうへい　で、運営っていうのは僕とかその会社のメンバーって感じですかね。

—そうですね。

しゅうへい　あー、でもみんな「ねこぬし」なんですよね、そもそも。僕も「ねこぬし」なので。LLACのNFTをローンチする時に、初期販売ではNFTを1つ160円で買えるっていう状態でしたよね。で、当時これをAL、アローリストって言ったりしてました。
　このアローリストのうち100枚とか200枚とかを自分の分にすることは、僕が代表なのでしようと思ったらできるんですよ。でも、しなかったんですよね。それをしなかったことが、僕にとっては本当に重要だったと思っているんですね。もちろんこれを他のファウンダーやプロジェクトの方に強要するわけじゃなくて。なんかアローリストをもらわなかったことによって、いち参加者としてプロジェクトにピュアに関われるようになったなっていうのはあります。

—そうなんですね。

しゅうへい　だから、確かに運営側ではあるんですけど、一人の参加者として運営しているっていう感覚を僕はやっぱ根底には持っています。で、もちろん株式会社むらかみかいぞくの100%の株式を僕は持っているので、いかようにもできるんですけど、いかようにしたところで悪くなるようにはしないですね。自分がそもそも一人のメンバーとして参加してるので、利害関係者なので。

　でも、自分がもし、あんまりリスクを背負わずにNFTを100枚200枚持ってたら、うん、なんかちょっと違ったんじゃないかなと。僕自身が弱い人間だから。

―確かに。僕もLLACの参加者ですけれど、参加者の方から見るとしゅうへいさんも経済的に同じスタートですよね。

しゅうへい　そうですね。まさにおっしゃる通りだと思います。

「コミュニティの方、いろんな方から糸口をいただいていたりするので、苦労とか狙ったとかいうのではなく、本当にもうありがたいです」

しゅうへい　……あ、すいません、前のご質問に明確に答えてなかったですね。いただいていた質問は「コミュニティに商品を販売する」「コミュニティで商品開発をする」「コミュニティを他企業に活かす」というこの3つにおいて狙ったことでしたよね？　あ、これ大事ですね。ちょっと戻って話しても大丈夫ですか。

―ありがとうございます、助かります。

しゅうへい　まず「コミュニティに商品を販売する」っていうことなんですけど、コミュニティに対して商品販売している感覚はあんまりないですね。ライフスタイルブランドをコミュニティで作る、コミュニティでライフスタイルブランドを運営しているという感覚が強くて。

　で、LLACに「またたび屋」っていうECサイトがあるのですが、やっぱり今の「またたび屋」とか、これまでの「またたび屋」を考えたら、コミュニティに参加してくれている人がリピーターになってくれているので。なんか一つのそれは推し活？　要するに自分が所属してるコミュニティにデジタルの村があって、その村で「お米を作ったよ」とか「トウモロコシ作ったよ」とかの声が聞こえてくる。それで「じゃあ作ったのどうする？」っていった時に、自分が所属してるブランドコミュニティだから、「あ、じゃあ自分でもお米買うよ」みたいな。

―はい、分かります。

しゅうへい　っていうのは一つあるかもしれないですね。で、その村人がアクセスして買うこともできるし、村人も愛用しているんだけども、一方で、一見さんて言うとあれですけど、渋谷パルコでやったポップアップショップにたまたま来られた方とか、誰かの紹介で来られた方ももちろん購入できるよっていう。だから、コミュニティ向けに作っているっていう感覚は、ないことはないんですけど、やっぱライフスタイルブランドを作っているっていうのがどちらかというと強いかもしれないですね。

―うん、なるほどなるほど。

しゅうへい　で、2番目の「コミュニティで商品開発をする」っていう

のは、LLAC全般がこれに当たりますかね。コミュニティのメンバーと一緒に商品開発をしているっていうことはありますね。で、これで狙ったこと、苦労したこと、成功したことか……。

　いや、もうこれは本当におかげ様というか、コミュニティの強さっていうか。例えば、商品企画担当者のtenさんとかが、それこそ2022 年の10月くらいにステッカーを出したんですよね。LLACの初期のステッカーで。僕は物販をしたことなかったので「物販ってみんな喜ぶのかな？ステッカー買うかな？」と思って。まあでもそんな在庫とかコストかかんないならやってみますかって言ってやったら、１日か２日で多分100万円ぐらい売れたんですよね。

―ローンチの前ですよね、それ。

しゅうへい　そうですそうです、そうですよね。まぁAL獲得の目的とかいろんな意図もあったと思うんですけど、そんな売れるか？って。みんなそんなステッカー買うか？みたいな感じでしたね。でもすぐ売り切れて。それは本当に僕には分からなかったので。僕の選択肢の中に、物販でこういうものを作っていくってのは全く見えていなくて、本当に全然狙ってもなかったというか、tenさんのおかげというか。そう、物販チームのおかげっていうところがあります。これがコミュニティのいいところかもしれないですね。

―うんうん。LLACさんの商品ってセンスがすごくいいなって思います。物販はtenさんのお仕事ですもんね？

しゅうへい　そうです。tenさんを主軸に本当にもういろんな方、今、またたび屋チームって多分10 人ぐらいはいるんじゃないかな。

—そんなにいらっしゃるんですかっ！

しゅうへい　もうちょっといるかもしれないですね。さぶこさんもなんか最初期からいてくれたり、ECショップの運営も「ねこぬし」のcalさんがやってくれたり。デザインはほしこさんも入ってくれて。で、ちふねこさんだったりとかも、めちゃくちゃデザイン上手。で、途中からひらいたさんとかも入って、もちろんうむ子さん（LLACを生んだアーティスト）もいろいろ見てくれて。うむ子さんって、本当はそんな現場で細かく見てくれるような時間ももちろんないし、アーティストなので細かく細かくそんな現場まで普通は入らないんですけど、やっぱりすごくギブで入っていただいて。それでプロダクトのクオリティがどんどんどんどん上がっていったりしたので。すごいですよね、そう考えたらね。やり方が新しいっていうか、みんな優しいな、っていう。

—まさにコミュニティの力ですね。

しゅうへい　ま、でも苦労する部分は苦労する部分でやっぱりありますね。現場は締め切りがあって「ここまでに作らないといけない」というのがあるのですが、これ僕が完全に悪いんですけど、納期がめちゃくちゃ短くなっちゃってね。デザイン依頼されてるちふねこさんとかほしこさんとか、そのあたりの方に納期でちょっと迷惑をかけたりとか。それこそ、うむ子さんに短納期で依頼してしまうみたいなことがあったので、それはすごく僕としては反省しています。

　そうならないように体制も整えているのですが、このあたりは普通の会社と比べると弱い部分かもしれないですね。コミュニティで何かやるという時にクリエイターとかデザイナーサイドが疲れてしまう、っていうところがあるので、LLACとしてはそこはすごく気をつけて、僕も日ご

ろ勉強しています。ちょっとずつ改善できているとは思うのですが、そこは苦労したところです。苦労っていうか、僕が勉強不足だったところですかね。商品開発するっていうところで。はい。

—ちなみにLLACも参加されていた即売会で、僕もフローティングペン買ったんですけど……。

しゅうへい　ありがとうございます！

—もう、うちの子どもに取られちゃいましたね（笑）。

しゅうへい　ありゃ（笑）。それ、よくあります。LLACグッズは大体親が買うと子どもに取られるっていう（笑）。

—うん。でもこの現象があるっていうことは、やっぱりグッズ企画が素晴らしいってことなんですよね。

しゅうへい　いや、本当にフローティングペンとかも僕は知らなかったですからね。デンマークの会社なんですよね。結構伝統的なメーカーに依頼して、日本の企業を通してですけど。

—デンマーク！

しゅうへい　あと、３番目の「コミュニティを他企業や自治体のマーケティングに生かしてもらう施策」……あぁ、そうですね。映画館のピカデリーさんとかもそうですね。とりあえずやってみる精神が強かったのかもしれないですね。

今治市（愛媛県）さんも、僕が住んでたので、たまたま本当に僕の小学校の後輩からインスタで連絡が来て、「Web3っていうかNFTみたいなこと今ちょっと考えてるんですけどどうですかね？」みたいな相談があったり。あとは、「あるやうむ」さんという企業から「今治市さんでふるさと納税できないですかね？」みたいな提案もあったりとか。

▶ 今治市ふるさと納税のポップ

▶ ふるさと納税の返礼品

だから本当にご縁ですかね。その他のコミュニティにいらっしゃる方とか、他のコミュニティで活躍されていてかつ「ねこぬし」でもあるみたいな方から糸口をいただいたりするので、苦労とか狙ったとかいうのではなく、本当にもうありがたいです。

　新宿ピカデリーさんでポップアップができたのも、渋谷パルコのポップアップがきっかけだったんですね。去年（2023年）の5月に渋谷パルコで行ったら、わーって1000人来て、2階から5階まで人が並んで、すごいことになったんですけど。それがやっぱきっかけで、「あ、こういうブランドがNFTから出てきてるんだ」って知ってもらえて。

　渋谷パルコでできることになったのも、結局はコミュニティにいらっしゃったアパレルの経験が長いアレックスさんっていう方が、渋谷パル

▶渋谷パルコでのポップアップ

▶ 新宿ピカデリーでのポップアップ

コ2F「2G TOKYO」という場所を管理されていて、そこを貸していた

だいたんですよね。

—ああ、なるほど。そういうことなんですね。

しゅうへい　はい。実はその前にも渋谷パルコでやろうとして、tenさんコミュニティのねこぬしさんが渋谷パルコに営業に行ったんですけど、その時はまだ難しくって。その後、アレックスさん経由でポップアップをやったら「うわっ！」てなったんで、渋谷パルコさんも「NFTのLLACさんってすごいですね」みたいな感じになって。

　やっぱり本当に2023年5月の渋谷パルコのあの大成功がきっかけで、新宿ピカデリーもそうですし、うん、なんかいろいろ広がっているっていうのはありますね。

—渋谷パルコの非常階段の上の方まで行列ができていたのは、すごかったですよね。

しゅうへい　いや本当にちょっと暑くなりつつあった季節なんで、熱中症にならないかっていうことだけちょっと心配でしたが、みんな本当に静かに並んでいただいて。はい。びっくりしましたね。

「企業がNFTまで買ってくれると、なんかこう『入ってる感』があるんです。であれば僕らも一生懸命、この企画とかイベントを全力で応援させていただきますよ、と」

—ありがとうございます。次の質問にいきますね。もし、しゅうへいさんが企業のマーケティング担当者だとしたら、LLACとかCNPみたいなコ

ミュニティとどんな取り組みをしたいと思いますか。

しゅうへい　そうですね。逆にこんな取り組みは絶対しないなっていうのがあって、そっちの方がきっと分かりやすいと思うんですけど。

—はい。

しゅうへい　ただただそのコミュニティの影響力だけ借りようとする企業とはやらないですね。このコミュニティを使えばバズを起こせるんじゃないか、という。コミュニティを使ってとにかく売上を！みたいな。売上を上げることは大事なんですけど、その企業側のメリットだけ考えてコミュニティに打診するみたいな感じです。よくあるのが。

—テイカーみたいな？

しゅうへい　そうです。まさにテイカーで、インフルエンサーへの依頼でもありますよね。「しゅうへいさんのフォロワー多いんでリツイートしてくれませんか？」みたいな。「なんだよそれ！」「なんでリツイートしないといけないんだ！」みたいな（笑）。そこを一番気をつけて、やらないっていうことが大切ですね。

　で、その上でNinjaDAOの各プロジェクトだったりCNPだったりもそうだし、TMAもそうだしLLACもそうですけど、そのプロジェクトがどんな価値観を大事にしていて、どういう場所を作っているのか。そこをちゃんと理解して、もちろん、１年以上所属してからとかそんなことは言わないですけど、こういう部分がいいなとか、こういう部分がうちの会社と相性がいいですね、とか。あとは、それこそ担当者さんがWeb3とかNFTとかを面白そうって思ってくれてるってことは結構やっぱ大事

かなってのは思います。うん、はい。

—そうですね。この部分はみんなの気持ちをつなげるようなマッチングなんで、「協賛金出します」みたいなのだけではちょっと成立しない感じはしますよね。

しゅうへい　ですです！　だからこれまさにKDDIさんのいずもんさんとも最初の打ち合わせで話したんですけど、協賛金だけ出して「じゃあやりましょう、企画やりましょう」っていうだけでは、お互いにとって何もいいことがないですよねって。
　確かにお金も入るし、KDDIとコラボしたっていうのもあるのかもしれないけれど。なんかこう、（魂が）宿ってないって言うんですかね。うむ子さんの言葉を借りると「宿ってない」「入ってない」っていうか。それよりもNFTまで買ってやってくれると、なんかこう「入ってる感」があるんです。

—うんうんうん。

しゅうへい　そう、一歩踏み込んでる、リスクテイクしてくれてるって。であれば、僕らも一生懸命、この企画とかイベントを全力で応援させていただきますよ、と。それはコミュニティメンバーに伝えやすいですよね。だってKDDIが自分達の持っているNFTを買ってくれるわけですから。それってすごい利害関係じゃないですか。KDDIと利害関係持つんですよ。

—すごいですよね、それは。

しゅうへい　そうそうそうそう！　大手上場企業と利害関係があるって、ちょっとよく分からない現象なんですけど。それがやっぱ面白いし、そこまでするから「じゃあ、携帯キャリアもauに変えた方がいいかもしれない」っていう人が結構いて。

—なるほどなるほど。そこは本当にそうですね。だからすぐには始められないですよね。結婚に例えると、まずはお友達の期間が必要で、付き合ってる期間が必要で、みたいな感じはちょっとしますね。

しゅうへい　そうですね、だから協賛金を払いますみたいなのは、いきなり「結婚しよう！好きでした！」って言われるのと似ているかもしれないです。

—そこはちょっと普通のマーケティングの感覚では、理解ができないかもしれないですね。

しゅうへい　うん、そうですね。

「LLACというブランドの価値の源泉って何かっていうと、僕は『ねこぬし』さんだって定義をしてるんです」

—なるほど分かりました。ところで、LLACはポップアップを何回もされていて、そのたびにコミュニティのメンバーの「ねこぬし」さんがスタッフをされていますよね。これって全く関係のない人から見ると、お客様がお店に立ってる、みたいな構造に見えるんですよね。

しゅうへい　あぁ、面白い視点ですね。確かに。普通そうですね、そう見えますよね。

—ここに関しては、しゅうへいさんのマーケティング的な観点ってあったんですか？

しゅうへい　そうですね。これはなんかキングコングの西野さんとかがやってたことかもしれないですね。「バーベキュー型」ってよく言いますよね。鉄板焼き屋さんに行ったら、シェフの人が焼いてくれて、それを食べるだけですけど、バーベキューやろうよってなったら、みんなで火を起こしたり。外で飲むのもそうかもしれないけど、やっぱみんなで焼いたり作ったりするのが楽しいっていうのを、西野さんが「バーベキュー型」って言ってて。まさにLLACも「バーベキュー型」のブランド育成みたいなところがあるんですよ。

—バーベキュー型！

しゅうへい　で、そうなんだけど、もう一歩踏み込んで、ただただ一緒に肉を焼くだけじゃなくて、バーベキューやるだけじゃなくて。そもそもLLACのライフスタイルブランドの価値の源泉って何かっていうと、僕は「ねこぬし」さんだって定義をしてるんです。

—なるほど。

しゅうへい　っていうか、もうそれ以外にないです。だから僕らLLACは「ねこぬしさん、あなたがブランドです」っていうふうに言ってます。だから「あなたがブランドなので、ブランドのポップアップはあなたが

いないと成り立たないです」っていうことです。

　ポップアップは商品を出すだけじゃなくて、ブランド体験なんで。ブランド体験をするってことはそのブランドを表してるものが必要で、それはまさに人なんです。それは別に運営メンバーだろうが業務委託だろうが、当日の臨時スタッフなのかは関係なくて、人なんです！　シュプリームもそうですよね？

―というと？

しゅうへい　シュプリームのスケボーって、服がそこにないとシュプリームとして成り立たないみたいなもので、LLACは「ねこぬし」さんとかコミュニティメンバーの方がいないと成り立たないんです。商品って言うとちょっとなんか変な感じがしますけど、ブランド体験は「ねこぬし」さんを介して生まれるものなので、LLACのブランドは「ねこぬし」さんになると。

―ブランドの一部になってるってことですよね？

しゅうへい　ブランドそのものですね！

―そのものか……！

しゅうへい　そうです。ブランド体験そのものを作ってるのは「ねこぬし」であり、コミュニティメンバーの方ですので。

―初見の方がこの感覚を理解するのは、ものすごい難しそうですね。

しゅうへい　そうですね。ただ、例えば飛行機に乗った時に、そのグランドスタッフさんとかCAさんとかの対応でやっぱANA素晴らしいなJAL素晴らしいなって思う体験ってあるじゃないですか。

—はい。

しゅうへい　僕はあれがブランド価値だと思ってるんです。ブランドって、結局は体験でしかその価値を感じ得ないって思うんですよね。

　もちろん商品力とか機能性がブランドであるっていうのも、いろんな会社があっていいと思うんですけど、機能性で勝とうたって勝てないんですよね、僕ら中小。僕らっていうか、うちの会社は中小零細で、LLACも吹けば飛んでいくようなまだまだ小さいブランドなんで。

　もちろん機能的なものや、より良いものを出していくのは当然なんですけど。それよりかブランド体験で、その体験って誰から生まれるかっていうと、「ねこぬし」さんだったりコミュニティのメンバーの人なんですよね。

—ああ、なるほど。それは分かりやすいですね。

しゅうへい　そうですね、うん。

—ディズニーランドのキャストの方もそうかもしれないですね。

しゅうへい　ですね、ですね！　僕ちょっとディズニーに行ったことないので偉そうに言えないんですけど（笑）。

—あ、そうなんですか（笑）。

しゅうへい　めちゃくちゃ不機嫌そうな顔でずっと仕事してたら、絶対こんなに人気じゃないですよね。

―そうですね、そんな人は見たことないですね（笑）。

しゅうへい　あ、やっぱそうですね。

―はい。いないと思います、きっと。なるほど、そこと結びつけると分かりやすいかもしれないですね。

しゅうへい　僕らの渋谷パルコのポップアップの準備の時、前の日がもう深夜12時ぐらいとかまで準備するんですよ。で、翌日もあるじゃないですか。朝11時ぐらいから夜9時ぐらいまで、ずっと立ちっぱですよ。ま、休憩は行くんですけど。で、終わった後も夜9時ぐらいからブワっとみんなで片付けて、解散が夜中の12時とか1時とかなんですよね。普通、店舗に1日立ってて、「いらっしゃいませ」「いかがですか？」って言うのも大変じゃないですか。

―そうですよね、はい。

しゅうへい　いろんなアパレルさんがありますけど、ダルそうにやってるとこもありますよね。それが悪いとかいいとかじゃなくて、いろんなところがある。で、他のアパレルのスタッフの方が「LLACのポップアップ、みんなめっちゃ楽しそうにやってるんですけど、あれ何なんですか？」って聞いてこられたらしいんですよ。
　で、あ、そっかって。アパレルがポップアップする時って、こうやって楽しそうにやるっていう概念じゃないところもあるんだな、って気が

▶ スタッフと来場者たち＝渋谷パルコ

ついて。僕らは本当にみんなキツイこととかも、「わあ、できたできた！」「早い早い！」「やったやった！」「次次次っ！」みたいにめっちゃ楽しそうにやるんで、結構びっくりされますね。

—バーベキュー「型」じゃなくて、本当にバーベキューをやってる人には敵わないですよね。

しゅうへい　ああそうですね、確かに。

—本当に、なんかそこがLLACの強さっていう感じはしますね。

しゅうへい　うんうん、ありがとうございます。

「NFTは一部にめちゃくちゃ特化した履歴書みたいな感じ。ガチホしていることの証明が、ちゃんとブロックチェーンで分かる」

—いまお話いただいていたようなことをコミュニティマーケティングと定義すると、NFTとかブロックチェーンの技術があるからこそできたこととか、面白くなったことって何がありますか？

しゅうへい　はい。いろんな答え方ができるなと思うんですけど。やっぱデジタル上で所有を証明できる、どういうふうに扱ってたかっていうのがブロックチェーンに残る。わざわざ毎回見てるわけじゃないんですけど、公開情報として出てるじゃないですか、ブロックチェーンに。
　例えばネットバンクなんかで、お金の使い方がバレるような感じですよね。マネーフォワードのアカウントが公開で出てるSNSみたいな。

—うんうん。

しゅうへい　もちろん毎回毎回、この人「ねこぬし」でスタッフやってくれたけど、どういうNFTの売買してんだろうな、なんていちいち見に行かないですよ。毎日見てるわけじゃないし。なんか大量の売りがあった時に、そのアカウントを見に行くぐらいですけど。

—それはそうですよね。

しゅうへい　「ねこぬし」の方とかスタッフの方、運営の方とかだと、そんなことしてるはずがないっていう、なんかもう見なくても安心感が

ありますよね。でもそれは確かに見ないんだけど、わざわざチェックしないんだけど、いざチェックしようと思ったら分かるっていう。

　分かるからやらないってわけじゃないんだけど、やってないってことがちゃんと公開情報から分かる。その人の価値の扱い方みたいなのが分かる、っていうことなんじゃないかなと思いました。

—なるほど。

しゅうへい　で、その安心感があるので、そういう人たちと何かを作っていける安心感も生まれてくる。多分ですね、「ねこぬし」、LLACを持っていてガチホしてる方は、おそらくですけどポイ捨てもしないと思うんですよ（笑）。ポイ捨てとか、列に割り込むとか、基本しないじゃないですか。

—うん、しないです。

しゅうへい　でも、LLACのコミュニティ以外で、他のフリーランスの方と一緒に仕事をしていた場合には、やっぱ、中にはいるかもしれないとか、裏アカで誹謗中傷している可能性があるとか疑ってしまうんですよ。でも、「ねこぬし」さんでガチホしてる人には、そういう人はいないんですよね。だって、それやってる時点で、多分LLACのNFTを売ってると思うんですよ。

—はい。

しゅうへい　なので、実は一部にめちゃくちゃ特化した履歴書みたいな感じですね。何か一緒にやっていく場合に、ガチホしていることの証明

が、ちゃんとブロックチェーンで分かる。公開情報で分かる。楽天銀行でログインしないと分からない、とかじゃなくてちゃんと分かる。

　いちいちチェックしないんだけど、お天道様が見てるみたいなことを全員に言ってて。で、それをみんな良しとして受け入れてる。「取引履歴を見られたくない」とか、「別に自由に売ったっていいでしょ」みたいな人はいないんです。いないっていうか、そういう人は多分もう売って出て行っちゃってるんで。

　なんか、そこがコミュニティマーケティングっていうか、中長期で運営していく時に一番根幹の大事な部分なんじゃないかなって思いました。それが「トラストレス」（信用性を疑う必要がないこと）っていう言葉になるのかもしれないですけど。

―トラストレスですね。うん　なるほど。これ、一緒にCNP出版部で編集をしている人たちとああだこうだと内容を練ってた時に、「ブロックチェーンってちょっと神様とかの代わりっぽいよね」みたいな話が出たんですよ。

しゅうへい　ああ、なるほど。

―常に見られているみたいな。なので正しいというか、悪いことをしないことが合理的な世界になってるよね、みたいな話にはなってたんですよね。そう、サンタさんにも似ていますね。

しゅうへい　サンタさん？

―悪いことするとサンタさん来ないよ、みたいな（笑）。

しゅうへい　まあそうです。ただ、なんかもうそれ以上に、見られるから悪いことをしないっていうよりも、いや普通しないですよね。

―うんうん、そうですね、そうですね。

しゅうへい　しないけど、「ま、履歴もあれだったら見てください」っていう。うん、そう。そこが最後、歯止めになってるっていうのは、もしかしたら大事なのかもしれない。

―まあ、人間弱いんでね、証明ができてるっていうのは、最後の最後に踏みとどまるための何かにはなっているかもしれないですね。

しゅうへい　そうですね。まさに利害関係者、ステークホルダーっていうことが自ずと分かるというか。それは時間が経てば経つほど、どんどんどんどん強化される。うん、そこがなんか面白いかもしれないですね。

―これは積み上げなんで、後から抜けないですね。

しゅうへい　そうですね。それだから「古参が絶対強い！」っていうふうにはしたくないんです。ある意味「地層」ですかね。カンブリア紀、デボン紀から地層が積み重なっているみたいな。「あ、この時期からこの人いたんだ」っていう。その地層イコール文脈みたいな感じで。「その文脈をこれぐらい共有しているよ」ってことも、ブロックチェーンの活動履歴を見たら分かりますよね。

―なるほど。

しゅうへい　あと、Discordのロールとかにも似てますかね。別にロールが多いとかブロックチェーンの履歴が長いからどうこうってわけじゃなくて、新規で入ってきた人もそこから地層を同じように積み重ねていける、文脈を積み重ねていけるっていう。

—うんうん！　さすがですね！　新規で入って来た方も、コミュニティが今まで積み上げてきた地層、履歴の一部になるっていう感覚なんで、格差がなく同じように仲間になれるんですね。

しゅうへい　ですね！　これCNPもLLACも同じですけど、新規のお迎えで新しいCNPホルダー、「ねこぬし」さんが出たら、「お迎えありがとうございます！」「おめでとうございます！」って、みんなDiscordでコメントしたりスタンプ押したりとか、Ｘでリプライしたりとかしていますよね。

—はい。

しゅうへい　あれがまさに、僕らは地層だよって、偉そうにしていないんです。それよりも、新しく歴史をブロックチェーンに刻んでくれたことに対する感謝であるし。それがあるからこそ、初めてお迎えした人もその地層に安らかに一歩足を踏み入れることができる。
　神聖な場所っていうわけじゃないんですけど、歴史をちゃんと一つ刻んで、自分がそういうふうにお迎えされて感謝されるっていう文化は、自分が参加する前の人たちが作ってくれたまさに地層なんですよね。

（深い……）

しゅうへい　だからある意味、その途中から参加する人も僕らも地面に立ってて、自分の力で立ってると思うかもしれないけど、この地面が固くなかったら自分の力で立てないですからね。グニャグニャグニャって沈んでいきますから。

（深過ぎる……）

しゅうへい　そう、だからそこはやっぱりすべて縁起ですか、仏教のね。人は相対的な存在であって、自分一人では何も成り立たないっていうところ。だからそれは、新規の方は今まで作ってくれた皆さんの文脈とか、歴史とか文化とかが地層としてあって、そこの上に立っているっていう。
　で、それをもちろん新規でお迎えする人も理解しているし、そういうふうなことを、初期メンバーというか歴史とか地層を積み上げてくれてる人も分かってくれている。だからこそ「お迎え文化」みたいなものがあるのかなっていうふうに思いますね。

—なるほどー！！　面白かったです、今のすごく！

しゅうへい　ありがとうございます。

—新しい方がいらっしゃると、「ようこそ」とか「おめでとうございます」っていうのを当たり前のように、そういう気持ちでやってましたけれど。あれって古参がどうとかっていうんじゃなくて、もうコミュニティの参加者にとっては文化になってますよね。すごく設計が成功されてるっていうと打算的に聞こえちゃいますけれど、あれは真似ができないというかあんまり他で見ない光景ですもんね。

しゅうへい　そうですね。コミュニティ外のいろんな有識者の方にも「お迎え文化がすごい」みたいなことは言われてましたね。

—今のお話はすごくポイントだなって思いました。

しゅうへい　ありがとうございます。引き出していただいて。

—いえいえ。

「『生き方のアップデート』に向けて動いていく。これの繰り返しでしかないかな、っていうところですかね」

—これが最後の質問になるんですけれど、コミュニティを含むLLACで、今後の夢とか実現したいことって何かありますか？

しゅうへい　はい。もうそれは「生き方のアップデート」です。簡単に言うとミッション！　とにかく本当にいろんなレイヤーでやっていくっていうことですかね。
　冒頭でもお話ししたように、僕もやっぱ生き方に悩んで、働き方に悩んで。でも、ちゃんと働かないといけない、立派に働かないといけないっていうことが、自分のプレッシャーになってて。でも朝起きられなかったりとかね。

—はい。

しゅうへい　僕はちょっと時間を守るのが苦手だったりで、普通には会

社で働いていけないってなった時に、やっぱ人生絶望したんですよね。もう自分は夢も叶えられないし、まともにお金も稼げない、嫌なことでしか稼げなくて、ずっとこれを続けていかないといけないって。

　で、作ってしまった借金をなんとかちびちび返さないといけない。でも完済するのは10年後とか、25歳の時からしたら35とか40までかかる。順調に返したとしても、また借金作るかもしれないし。その上に税金だったり車のローンだったり、家のローン払っていかないといけない。そのために楽しくない仕事をしないといけないっていうことに、もうめちゃくちゃ絶望したわけ。もう詰んだと思った。

―……はい。

しゅうへい　自分はその生き方しか知らない、働き方しか知らなかったから。どうしてんだろうと思った時に、僕はたまたまイケハヤさんが高知の限界集落でパソコンで仕事してるって知って。で、アフィリエイト（成果報酬型広告）とかで月300か500万円稼いでて、家族とゆっくりとした時間も過ごしてる。「これでいいやん！」と思った（笑）。「東京行かんで、島でできるこれでいいや」と。こんなことだったんですよね、僕にとっては。

―（笑）。

しゅうへい　なんかイケハヤさんを知るだけで、あとはやるだけになって。僕はたまたまそれを知ったことでたどり着いたけど。

　今でも全国100カ所ぐらいセミナーで回ってて。富山とか札幌も行ったし、岩手とか秋田とかあとは石垣島とか宮古島まで行きました。そこでは皆さん「やっぱり怖いです」と言うんですよね。「他のみんなが普

通に働いてる中で、自分が自宅で仕事できるとか、SNSで仕事できると思えない。自信がないです」っていう人がやっぱたくさんいて。そういう人たち一人ひとりに、僕は伝え続けないといけないなって、やっぱ思うんですよね。

—なるほど。

しゅうへい　それを自分一人ではできないなと思ったんです。自分一人だと、僕もやっぱどっかで死んじゃうかもしれないし、自分一人でできる範囲ってものすごく小さいし。だから、それをコミュニティとかフリーランスの学校とかLLACで、一緒にやってきてるんですよね。

　確かに、渋谷パルコでポップアップやったからって、「生き方に悩む人が急に１万人減りました」とか、そんなことはないんだけど。でも、渋谷パルコに来ていただいた方に「猫のように生きるっていう言葉がすごく素敵です」って言っていただいて。

　で、そこで僕がその人に今と同じような話をしたんですね。自分も生き方に悩んでて、でもこれってなんか人間だからこうしないといけない、これが正解だって考えてるけど、猫からしたら仕事もしていない、掃除もしていない、税金も払ってない。だけど飯食えてるよね。しかも、まあまあいい飯食ってる猫もいる。なんでだと。猫では成立していることが、何で人間では成立しないんだ。何で人間は自分の心地良さで生きてはいけないんだ、って。

　そういうことを思って、変えていきたいと思って「猫のように生きる」って作ったんですっていう話をしたら 、「めっちゃ素敵です！　そういう生き方があるんだって知れて良かったです」って言っていただいて。

―うれしいですね。

しゅうへい　もちろんその瞬間に解決するわけではないんだけど、猫のように生きようとしている人が集まっているんだっていう。で、しかもこういうブランドが生まれているんだってことが、何より背中を押せるんじゃないかなって思うんですよね。それがポップアップをすることの意味じゃないかって。

　あと、猫のように生きるっていうのを、日常でアイテムを使いながら忘れないようにすること。もう、僕ら忘れるんでね。僕も忘れるんで。「あ、猫からしたらどうでもいいことだ」みたいにアイテムで思い出してもらって。まぁ、禅みたいな感じですよね。

―はい。

しゅうへい　そうやって日常使いのアイテムで忘れないようにすることとかできたらいいですよね。

　それから、ローカルでは、愛媛県今治市しまなみ街道っていうところでLLACハウスっていうフィジカルプレイス（物理的な空間）を8000万円ぐらいかけて作るんですけど（2024年10月にオープン）、そこで島の

▶愛媛県今治市にオープンしたLLACハウス

子どもたちに「いろんな生き方がある」ということをやっぱ伝えたい、選択肢として残したいっていうのがあります。そこでは、子ども向けに新しいテクノロジーが学べるワークショップとか、そういったセミナーを開催していったりとか。

―いいですね。

しゅうへい　島に移住したり、ワーケーションで来てくれた方に、LLACハウスでリトリートみたいな形で、普段ちょっと考えないこととか、普段会わない人とかと会ってもらってとか。そういったこともやろうとしていて。

　なので、うん、そうですね。ライフスタイルブランド、そしてグローバルブランドにしていって、でもローカルでもちゃんと地に足をつけて施策をやっていく。さまざまなところのレイヤーで、「生き方のアップデート」に向けて動いていくっていう。これの繰り返しでしかないかな、っていうところですかね。ちょっと長くなったんですけど。はい。

―ありがとうございます。すごく濃いお話をうかがえました！

※参考文献
『むかしむかし あるところにウェルビーイングがありました』石川善樹、吉田尚記（KADOKAWA）
『プレゼン思考』小西利行（かんき出版）

　本書ではシン・コミュニティマーケティングの有用性や可能性について熱く語ってきましたが、企業がこれをどのように実践に生かすのかという部分は、やや手薄だったと思います。

　手前味噌ではあるのですが、私（sotaro）が代表を務める株式会社ハゴロモの直近のチャレンジを紹介し、「あとがき」に代えさせていただきます。

　ハゴロモは2024年4月にCNPの企業スポンサーに就任しました。そのことを発表した時は、コミュニティの皆さんから次々に御礼のメッセージをいただき、いわゆる一般のスポンサーとは全く異なる性質だということを肌で実感しました。

　そして、2024年9月、いよいよシン・コミュニティマーケティングの核である「コミュニティの力を借りる」という場面がやってきました。

　ハゴロモではCNPの絵本を2025年1月に出版予定で、現在は制作の真っ最中です。

　絵本の目的は、CNPという魅力的なIPをコミュニティの外に届けること。そして、子どもたちがCNPのことを知るきっかけとなる仕組みを作ることでした。ハゴロモとしては、念願だった書籍出版事業への参入というチャレンジです。

　CNPというIP、コミュニティ、ハゴロモと3者の利害のベクトルを合わせておくことを、シン・コミュニティマーケティングを機能させる上での大きなポイントと考えていました。

　ただ、絵本の制作費はなかなかに重く、絵本を販売することでペイをしようとすると、計算上は難しいというのが正直なところでした。採算

分岐点は約5000部。絵本で5000部というと、そこそこのヒット作に数えられる程度の水準のようです。新規参入のハゴロモが、いきなり「そこそこのヒット」を計算できるわけもなく、絵本を販売する以外でキャッシュポイントを作る必要がどうしてもありました。

　そこで、「CNPえほんスポンサー」というクラウドファンディング企画を立ち上げることにしたのです。

　しかし、立ち上げたはいいものの、はたして支援は集まるのか？？心配はつきません。そこで厚かましくもイケハヤさんにご相談をしてみたところ、なんとイケハヤさんのスペース（Xの音声配信）で公開打ち合わせをしていただけることに。クラウドファンディングの考え方やコミュニティの特性などを踏まえ、的確なアドバイスをいただき、企画が大幅にブラッシュアップできました。何より1000人以上もの方がアーカイブも含めて聴いてくださり、このプロジェクトのことを知っていただくことができました。イケハヤさんのおかげで、おそらく好意的な印象も持っていただくことができたのではないかと思います。

　クラウドファンディング開始まで、コミュニティの中心メンバーである、ゆーき丸さん、シャックさんのスペースでも対談させてもらい、告知活動をさせていただきました。消費者のプライベートの場に企業の社長が宣伝しに行き、それを消費者の皆さんが応援しているという、他ではあまり見られない構図にご注目いただけると、シン・コミュニティマーケティングの特徴がよりご理解いただけるのではと思います。

　また、「CNPえほんスポンサー」に関する私のXでの告知に対し、コミュニティの多くの皆さんがコメントや「いいね」、リポストで盛り上げてくださっているのを目にするたびに、胸を熱くさせられました。

　さて、クラウドファンディング企画「CNPえほんスポンサー」がどのような結果だったのかをご報告します。11万円のAコース2口、5万

5000円のBコース4口、1万1000円のCコース30口、3300円のDコースを上限口数なしで用意したのですが、おかげさまで限定のA〜Cコースはなんと3時間29分で完売しました。Dコースは販売期間の終了までに58口のご支援が集まり、絵本はまだ制作途中であるにもかかわらず、私たちハゴロモは87万4000円のご支援をいただくことができました。

　私自身がCNPホルダーであること、そしてハゴロモがCNP企業スポンサーであることで、こんなに強力な後押しを受けることができています。収益ゼロという結果もあり得る新規事業の立ち上げ時に、このような後ろ盾があることは企業の社長としては非常に心強いことです。

　このような協力を得られることは、必ずしも約束をされたことではありませんが、IPとコミュニティと企業の利害を一致させたところに目的を定め、敬意を持った適切なコミュニケーションを図ることで、その確度は高まるのではないかと考えています。

　そして、12月3日にCNP絵本の予約販売をスタート。「絵本ランキング1位獲得大作戦」というコミュニティを巻き込んでの挑戦です。楽天ランキングの絵本ジャンル1位を獲得するために、CNPトレカ特典付きの絵本を限定700冊で予約販売することに決定しました。

　当日はイケハヤさんがスペース実況にご協力くださるというベストな設定も、当事者としては「1位は獲れるのか？　そもそも何冊売れるのか？」と、不安は尽きないままスタート時間を迎えました。

　しかし、そんな心配をよそに、予約分700冊は約15分であっさりと完売。そして「絵本・児童書・図鑑」ジャンルで1位と、当初の目標である「絵本（日本）」ジャンルを飛び越えるオマケつきでした。

　私の個人的な感想は「ホッとした」の一言。これ以上ない結果にも、達成感というものを不思議なほどに感じませんでした。

　その理由は「絵本ランキング1位獲得大作戦」がすでにハゴロモだけの挑戦ではなくなり、NinjaDAOやCNPのコミュニティの皆さんとの共

通の目標に変わっていたこと。そして、コミュニティの皆さんが原動力となってクリアしたミッションだったからです。

　私ができたことがあるとすれば、CNP絵本の挑戦をコミュニティみんなの挑戦に重ねられたこと。それのみではないかと思います。

　しかし、それこそがシン・コミュニティマーケティングの本質なのではないかと、おぼろげに全貌が見えてきたところです。

　引続きシン・コミュニティマーケティングのポイントである、IPとコミュニティと企業の利害を一致させることに細心の注意を払い、CNP絵本の発売日（2025年1月16日）という次なる挑戦に向かうところで筆を置かせていただきます。

　本書の読後に、私の挑戦の答え合わせをしていただき、シン・コミュニティマーケティングのより深い理解と実践にお役立てください。

　最後になりましたが、このような本の制作に携わる機会をくださったCNPのFounderであるRoadさん、本書を制作した同志であり、コミュニティの仲間である林（健太郎）さん、ハヤシさん、16snow【ひろゆき】さん、Taigaさん、本書の編集をしてくださった時事通信出版局の剣持耕士さん、快くインタビューにご協力いただいたイケハヤさん、しゅうへいさん、貴重なイラストとデータをご提供いただいたムカイさん、ルクさんに感謝の気持ちをお伝えいたします。

2024年12月

sotaro｜CNP出版部

執筆者プロフィル

■林（健太郎）

（執筆：はじめに／第2章／第3章）

1972年生まれ。15年間研究開発職でサラリーマンの後フリーランスに。博士（工学）とCFP®を保有する、技術とお金の専門家。2022年のSTEPN（ステップン）の流行をきっかけにWeb3に強い関心を持つ。NinjaDAOのCNPプロジェクトリリース初期からフォローし、Web3の未来を信じてNFTを保有し続けている。技術の視点に立脚した解説・分析が得意。

X　@kabuco_h

■16snow【ひろゆき】

（執筆：第1章）

1980年生まれ。サラリーマン兼イラストレーター。Web3活動としてイケハヤ氏のNinjaDAOにCryptoNinjaのファンアートを描く活動で初期から参加。CryptoNinjaの2次創作CNPの公認アナリスト。毎日欠かさず比較・分析続けて900日を超えるCNPマニア。

著書『ビジネスイラスト素材集』（マイナビ）

X　@16snow_pandora

■ハヤシ

（執筆：第 4 章）

なにやら面白いことがありそうという気持ちでWeb3を知り、CNPに出会い、ハマったアラサー男。CNPの可能性を信じて、Web3時代のポケモンになると確信を持っている。そしてCNPを周囲の人に広める活動をしている。Web3のコミュニティのメンバーから良い刺激を受け

て、自分の理想のライフスタイルを実現するために日々奮闘中。

X　@hayashi4027

■sotaro

（執筆：第 5 章／「あとがき」に代えて）

1976年生まれ。本名：橘壮太郎　大学卒業、出版社勤務の後、フリーランスの編集・ライターとして活動。その後に、父が創業の株式会社ハゴロモに入社。2016年に同社代表取締役社長に就任。新規事業開発の一環としてWeb3、NFTプロジェ

クトとの協業を開始し、2023年 6 月にはCNP初のPOPUPショップをラフォーレ原宿にて開催。

X　@hagoromo_nogyo

■taiga

（編集・執筆協力）

STEPN（ステップン）をきっかけに
Web3の世界へ。その後voicyでイケハヤ
氏　を　知　り、CNPJ→CNP→APP→
LLAC→TMAsのNFTを購入＆アローリス
トでGET！　という2022年参入者の王
道コースを歩み、さらに背伸びしてICL
（イケハヤクリプトラボ）にも入会。Web2には乗り遅れたため、必死に
Web3に食らい付くアラフィフ男子。

X　　@Taiga93924336

シン・コミュニティマーケティング

2025年2月2日　初版発行

著　者―――CNP出版部
発行者―――花野井 道郎
発行所―――株式会社時事通信出版局
発　売―――株式会社時事通信社
　　　　　　〒104-8178　東京都中央区銀座5-15-8
　　　　　　電話03(5565)2155　https://bookpub.jiji.com
本文デザイン・装丁―糟谷一穂（株式会社ダイヤモンド・グラフィック社）
DTP・印刷・製本―株式会社ダイヤモンド・グラフィック社

ISBN978-4-7887-2007-7　C0034　Printed in Japan

ジャズ奏者のように はたらこう

AI時代を生き抜く非常識に生産的な 11+1のワークスタイル

ikehaya 原案 Road イラスト うじゅうな

「ふつう」の働き方を変えたい人必見!!
未来のビジネスモデルが見えてくる!
世界最大級のDAO「NinjaDAO」の成功例が分かる!
もっともっとクリエイティブな生き方ができるようになる!

時事通信社

ジャズ奏者のようにはたらこう
AI 時代を生き抜く非常識に生産的な 11+1 のワークスタイル
ikehaya 著　**Road** 原案　**うじゅうな** イラスト

人気インフルエンサーが組織・場所にとらわれない新しい働き方を提案。
WEB3 時代のクリエイティブなワークスタイルの入門書。

希望小売価格：¥1,980（税込）
＊電子書籍版には【初版限定 CNP トレカ】は付きませんのでご了承ください